摩托车驾考
驾驶手册

王淑君 编著

U0319530

化学工业出版社

·北京·

内容简介

本书依据最新道路交通安全法律法规及摩托车驾驶员考试相关规定编写而成。

本书内容涵盖摩托车驾驶员全国通用理论考试题库（500多题，并附答案与解析），摩托车驾驶技能考试要求、评判标准和考试攻略，摩托车道路驾驶基本方法、要领和实用技巧，以及摩托车操纵机件、安全驾驶操作、日常养护与事故预防等相关知识。

本书适合初次申领摩托车驾驶证的驾校考试学员使用，也可供相关驾驶培训机构、汽车相关专业师生和摩托车爱好者参考。

图书在版编目（CIP）数据

摩托车驾考+驾驶手册/王淑君编著. —北京：化学工业出版社，2023.1
ISBN 978-7-122-42370-2

Ⅰ.①摩… Ⅱ.①王… Ⅲ.①摩托车-驾驶术-资格考试-自学参考资料 Ⅳ.①U483.09

中国版本图书馆CIP数据核字（2022）第191372号

责任编辑：黄 滢　　　　　　　　　　　装帧设计：刘丽华
责任校对：刘曦阳

出版发行：化学工业出版社（北京市东城区青年湖南街13号　邮政编码100011）
印　　装：北京缤索印刷有限公司
787mm×1092mm　1/16　印张12　字数239千字　2023年4月北京第1版第1次印刷

购书咨询：010-64518888　　　　　　　　售后服务：010-64518899
网　　址：http://www.cip.com.cn
凡购买本书，如有缺损质量问题，本社销售中心负责调换。

定　　价：69.80元

　　由于摩托车具有经济、便捷、灵活、实用等诸多优势，因此其在国内的普及率和保有量都很高。与此同时，摩托车也是一种危险性相对较高的机动车辆，如果驾驶过程中操作不当，很容易引发交通事故。为了帮助准备学习摩托车驾驶的朋友更快、更好地学习和掌握摩托车驾驶基本知识和技术要领，同时提高安全意识，以减少交通事故的发生，在化学工业出版社的组织下，特编写了本书。

　　本书依据最新道路交通安全法律法规及摩托车驾驶员考试相关规定编写而成，主要介绍摩托车驾驶员学车考证与新手上路驾驶的基本知识及应考技巧。内容涵盖摩托车驾驶考试中的科目一和科目三（科目四）理论考试全国通用题库、答案和重点内容解析，科目二和科目三摩托车驾驶考试要求、评判标准和考试攻略，摩托车道路驾驶方法和技巧，以及摩托车安全驾驶操作、日常养护与事故预防相关知识等，内容新颖、系统全面。

　　全书以大量精美的彩色图片为主并辅以简洁的文字内容进行介绍，直观形象、通俗易懂；对涉及实际驾驶操作的内容还配备了精美的3D MP4动画演示视频讲解，扫描书内相应章节的二维码即可观看，图文内容与动画视频内容有机结合，有利于快速理解和掌握。

　　本书适合初次申领摩托车驾驶证的驾校考试学员及驾驶培训机构使用，也可供摩托车爱好者及汽车相关专业师生参考。

　　学习摩托车驾驶并不难，难的是在任何时候、任何场合都能严格地自觉遵守交通法规，以规范的驾驶行为保护自己和同车的乘客，不存一丝侥幸心理。希望通过本书的学习，朋友们不仅能掌握正确的摩托车驾驶技术，还能养成良好的驾驶习惯，使摩托车成为得心应手的交通工具。

　　由于笔者水平所限，书中疏漏之处在所难免，恳请广大读者批评指正。

编著者

目录

CONTENTS

摩托车日常养护与事故预防
相关知识

第6部分
PART

第1部分

科目一理论考试题库196题（附答案）

1. 驾驶机动车在道路上违反道路交通安全法的行为，属于什么行为？

    A. 违章行为

    B. 违法行为

    C. 过失行为

    D. 违规行为

    答案：B

2. 机动车驾驶人违法驾驶造成重大交通事故构成犯罪的，依法追究什么责任？

    A. 刑事责任

    B. 民事责任

    C. 经济责任

    D. 直接责任

    答案：A

3. 机动车驾驶人造成事故后逃逸构成犯罪的，吊销驾驶证且多长时间不得重新取得驾驶证？

    A. 5年内　　　　B. 10年内

    C. 终身　　　　D. 20年内

    答案：C

4. 驾驶机动车应当随身携带哪种证件？

    A. 工作证

    B. 驾驶证

    C. 身份证

    D. 职业资格证

    答案：B

5. 机动车驾驶人初次申领驾驶证后的实习期是多长时间？

    A. 6个月

    B. 12个月

    C. 16个月

    D. 18个月

    答案：B

6. 以欺骗、贿赂等不正当手段取得驾驶证被依法撤销驾驶许可的，多长时间不得重新申请驾驶许可？

    A. 3年内

    B. 终身

    C. 1年内

    D. 5年内

    答案：A

7. 驾驶报废机动车上路行驶的驾驶人，除按规定罚款外，还要受到哪种处理？

    A. 撤销驾驶许可

    B. 收缴驾驶证

    C. 强制恢复车况

    D. 吊销驾驶证

    答案：D

8. 驾驶机动车上路行驶应当随车携带下列哪种证件？

    A. 机动车登记证

    B. 机动车保险单

C.机动车行驶证

D.出厂合格证明

答案：C

9.下列哪种标志是驾驶机动车上路行驶应当在车上放置的标志？

A.产品合格标志

B.保持车距标志

C.提醒危险标志

D.检验合格标志

答案：D

10.驾驶人在下列哪种情况下不能驾驶机动车？

A.饮酒后

B.喝茶后

C.喝咖啡后

D.喝牛奶后

答案：A

11.公安交通管理部门对驾驶人的交通违法行为除依法给予行政处罚外,实行下列哪种制度？

A.违法登记制度

B.奖励里程制度

C.累积记分制度

D.强制报废制度

答案：C

12.道路交通安全违法行为累积记分的周期是多长时间？

A. 3个月　　　　B. 6个月

C. 12个月　　　D. 24个月

答案：C

13.公安机关交通管理部门对累积记分达到规定分值的驾驶人怎样处理？

A.依法追究刑事责任

B.处15日以下拘留

C.终身禁驾

D.进行法律法规教育，重新考试

答案：D

14.驾驶人出现下列哪种情况，不得驾驶机动车？

A.驾驶证丢失或损毁

B.驾驶证接近有效期

C.记分达到10分

D.记分达到6分

答案：A

15.机动车在道路上变更车道需要注意什么？

A.尽快加速进入左侧车道

B.不能影响其他车辆正常行驶

C.进入左侧车道时适当减速

D.开启转向灯迅速向左转向

答案：B

16.驾驶机动车在道路上向左变更车道时如何使用灯光？

A.不用开启转向灯

B.提前开启右转向灯

C.提前开启左转向灯

D.提前开启近光灯

答案：C

17.驾驶机动车在道路上靠路边停车过程中如何使用灯光？

A.变换使用远近光灯

B.不用指示灯提示

C.开启危险报警闪光灯

D.提前开启右转向灯

答案：D

18.驾驶机动车遇雾、雨、雪等能见度在50米以内时，最高速度不能超过多少？

A. 70千米/小时

B. 50千米/小时

C. 40千米/小时

D. 30千米/小时

答案：D

19. 驾驶机动车在进出非机动车道时，最高速度不能超过多少？

A. 30千米/小时

B. 40千米/小时

C. 50千米/小时

D. 60千米/小时

答案：A

20. 驾驶机动车通过铁路道口时，最高速度不能超过多少？

A. 15千米/小时

B. 20千米/小时

C. 30千米/小时

D. 40千米/小时

答案：C

21. 驾驶机动车通过急弯路时，最高速度不能超过多少？

A. 20千米/小时

B. 30千米/小时

C. 40千米/小时

D. 50千米/小时

答案：B

22. 驾驶机动车通过窄路、窄桥时，最高速度不能超过多少？

A. 60千米/小时

B. 50千米/小时

C. 40千米/小时

D. 30千米/小时

答案：D

23. 驾驶机动车下陡坡、转弯、掉头时，最高速度不能超过多少？

A. 30千米/小时

B. 40千米/小时

C. 50千米/小时

D. 60千米/小时

答案：A

24. 驾驶机动车在冰雪道路上行驶时，最高速度不能超过多少？

A. 20千米/小时

B. 30千米/小时

C. 40千米/小时

D. 50千米/小时

答案：B

25. 驾驶机动车在泥泞道路上行驶时，最高速度不能超过多少？

A. 15千米/小时

B. 20千米/小时

C. 30千米/小时

D. 40千米/小时

答案：C

26. 驾驶机动车在下列哪种情形下不能超越前车？

A. 前车减速让行

B. 前车正在左转弯

C. 前车靠边停车

D. 前车正在右转弯

答案：B

27. 同车道行驶的车辆遇前车有下列哪种情形时不得超车？

A. 正在停车

B. 减速让行

C. 正常行驶

D. 正在超车

答案：D

28. 同车道行驶的车辆遇前车有下列哪种情形时不得超车？

A. 正在停车

B. 减速让行

C.正在掉头

D.正常行驶

答案：C

29.同车道行驶的车辆前方遇到下列哪种车辆不得超车？

A.执行任务的警车

B.超载大型货车

C.大型客车

D.城市公交车

答案：A

30.同车道行驶的车辆前方遇到下列哪种车辆不得超车？

A.超载大型货车

B.大型客车

C.执行任务的救护车

D.小型货车

答案：C

31.同车道行驶的车辆前方遇到下列哪种车辆不得超车？

A.超载大型货车

B.执行任务的消防车

C.大型客车

D.中型客车

答案：B

32.驾驶机动车行经下列哪种路段不得超车？

A.主要街道

B.高架路

C.人行横道

D.环城高速

答案：C

33.驾驶机动车行经下列哪种路段时不得超车？

A.高架路

B.交叉路口

C.环城高速

D.中心街道

答案：B

34.驾驶机动车在下列哪种路段不得超车？

A.山区道路

B.城市高架路

C.城市快速路

D.窄桥、弯道

答案：D

35.驾驶机动车在夜间超车时怎样使用灯光？

A.变换远、近光灯

B.开启雾灯

C.开启远光灯

D.关闭前大灯

答案：A

36.驾驶机动车在没有道路中心线的狭窄山路怎样会车？

A.速度慢的先行

B.重车让空车先行

C.靠山体的一方先行

D.不靠山体的一方先行

答案：D

37.夜间在道路上会车时，距离对向来车多远将远光灯改用近光灯？

A.200米以外　　B.150米以外

C.100米以内　　D.50米以内

答案：B

38.驾驶机动车在没有中心线的道路上遇相对方向来车时怎样行驶？

A.减速靠右行驶

B.借非机动车道行驶

C.紧靠路边行驶

D.靠路中心行驶

答案：A

39. 夜间驾驶机动车在窄路、窄桥会车怎样使用灯光？

A. 关闭所有灯光

B. 开启近光灯

C. 关闭前照灯

D. 开启远光灯

答案：B

40. 在路口右转弯遇同车道前车等候放行信号时如何行驶？

A. 从前车左侧转弯

B. 从右侧占道转弯

C. 鸣喇叭让前车让路

D. 依次停车等候

答案：D

41. 驾驶机动车通过没有交通信号的交叉路口时怎样行驶？

A. 减速慢行

B. 加速通过

C. 大型车先行

D. 左侧车辆先行

答案：A

42. 驾驶机动车通过没有交通信号和管理人员的铁路道口时怎样通过？

A. 适当减速通过

B. 空挡滑行通过

C. 停车确认安全后通过

D. 加速尽快通过

答案：C

43. 驾驶机动车在车道减少的路口，遇到前方车辆依次停车或缓慢行驶时怎么办？

A. 从前车右侧路肩进入路口

B. 从有空隙一侧进入路口

C. 每车道一辆依次交替驶入路口

D. 向左变道穿插进入路口

答案：C

44. 驾驶机动车遇到前方车辆停车排队等候或缓慢行驶时怎么办？

A. 可借道超车

B. 占用对面车道

C. 穿插等候的车辆

D. 依次行驶

答案：D

45. 驾驶机动车遇有前方交叉路口交通阻塞时怎么办？

A. 依次停在路口外等候

B. 可借对向车道通过

C. 从前车两侧穿插通过

D. 进入路口内等候

答案：A

46. 机动车在道路上发生故障，需要停车排除时，驾驶人应该怎么办？

A. 就地停车排除故障

B. 开启近光灯或雾灯

C. 将车停到不妨碍交通的地方

D. 将车停在道路中间

答案：C

47. 驾驶机动车需要在路边停车时怎样选择停车地点？

A. 在人行道上停放

B. 在路边随意停放

C. 在停车泊位内停放

D. 靠左侧路边逆向停放

答案：C

48. 在道路上发生未造成人员伤亡且无争议的轻微交通事故时如何处置？

A. 保护好现场再协商

B. 不要移动车辆

C. 疏导其他车辆绕行

D. 撤离现场自行协商

答案：D

49.驾驶人连续驾驶不得超过多长时间？

　　A. 4小时

　　B. 6小时

　　C. 8小时

　　D. 10小时

　　答案：A

50.驾驶人连续驾驶4小时以上，停车休息的时间不得少于多少？

　　A. 5分钟

　　B. 10分钟

　　C. 15分钟

　　D. 20分钟

　　答案：D

51.驾驶机动车下陡坡时不得有哪些危险行为？

　　A.提前减挡

　　B.空挡滑行

　　C.低挡行驶

　　D.制动减速

　　答案：B

52.驾驶人违反交通运输管理法规发生重大事故致人重伤、死亡，可能会受到什么刑罚？

　　A.处3年以下徒刑或者拘役

　　B.处3年以上7年以下徒刑

　　C.处5年以上徒刑

　　D.处7年以上徒刑

　　答案：A

53.驾驶人违反交通运输管理法规发生重大事故，使公私财产遭受重大损失，可能会受到什么刑罚？

　　A.处5年以上徒刑

　　B.处3年以下徒刑或者拘役

　　C.处3年以上徒刑

　　D.处3年以上7年以下徒刑

　　答案：B

54.驾驶人违反交通运输管理法规发生重大事故致人死亡且逃逸的，处多少年有期徒刑？

　　A. 7年以上

　　B. 3年以下

　　C. 3年以上7年以下

　　D. 10年以上

　　答案：C

55.驾驶人违反交通运输管理法规发生重大事故后，因逃逸致人死亡的，处多少年有期徒刑？

　　A. 2年以下

　　B. 3年以下

　　C. 7年以下

　　D. 7年以上

　　答案：D

56.驾驶机动车在道路上追逐竞驶，情节恶劣，会受到什么处罚？

　　A.处拘役，并处罚金

　　B.处管制，并处罚金

　　C.处1年以上徒刑

　　D.处6个月徒刑

　　答案：A

57.醉酒驾驶机动车在道路上行驶会受到什么处罚？

　　A.处2年以下徒刑

　　B.处拘役，并处罚金

　　C.处2年以上徒刑

　　D.处管制，并处罚金

　　答案：B

58.上道路行驶的机动车有哪种情形交通警察可依法扣留车辆？

A.未悬挂机动车号牌

B.未携带身份证

C.未携带保险合同

D.未放置城市环保标志

答案：A

59.上道路行驶的机动车有哪种情形交通警察可依法扣留车辆？

A.未携带身份证

B.未放置检验合格标志

C.未放置城市环保标志

D.未携带机动车登记证书

答案：B

60.上道路行驶的机动车有哪种情形交通警察可依法扣留车辆？

A.未携带机动车登记证书

B.未携带保险合同

C.未放置保险标志

D.未放置城市环保标志

答案：C

61.驾驶人未携带哪种证件驾驶机动车上路，交通警察可依法扣留车辆？

A.机动车行驶证

B.居民身份证

C.从业资格证

D.机动车通行证

答案：A

62.驾驶人未携带哪种证件驾驶机动车上路，交通警察可依法扣留车辆？

A.机动车通行证

B.居民身份证

C.从业资格证

D.机动车行驶证

答案：D

63.驾驶人有哪种情形，交通警察可依法扣留机动车驾驶证？

A.饮酒后驾驶机动车

B.超过规定速度10%

C.疲劳后驾驶机动车

D.行车中未系安全带

答案：A

64.驾驶人将机动车交由什么样的人驾驶的，交通警察可依法扣留机动车驾驶证？

A.实习期驾驶人

B.取得驾驶证的人

C.驾驶证被吊销的人

D.驾驶证记分达到6分的人

答案：C

65.3年内有下列哪种行为的人不得申请机动车驾驶证？

A.吸烟成瘾

B.注射毒品

C.注射胰岛素

D.酒醉经历

答案：B

66.驾驶人在驾驶证有效期满前多长时间申请换证？

A.30日内

B.60日内

C.90日内

D.6个月内

答案：C

67.驾驶人户籍迁出原车辆管理所需要向什么地方的车辆管所提出申请？

A.迁出地

B.居住地

C.所在地

D.迁入地

答案：D

68. 驾驶证记载的驾驶人信息发生变化的要在多长时间内申请换证？

A. 60日 　　　　B. 50日

C. 40日 　　　　D. 30日

答案：D

69. 道路交通违法行为累积记分周期是多长时间？

A. 14个月 　　　B. 12个月

C. 10个月 　　　D. 6个月

答案：B

70. 机动车驾驶人初次申请机动车驾驶证和增加准驾车型后的多长时间为实习期？

A. 6个月 　　　B. 12个月

C. 3个月 　　　D. 2年

答案：B

71. 提供虚假材料申领驾驶证的申请人会承担下列哪种法律责任？

A. 处20元以上200元以下罚款

B. 取消申领驾驶证资格

C. 1年内不得再次申领驾驶证

D. 2年内不能再次申领驾驶证

答案：C

72. 驾驶人有下列哪种违法行为一次记12分？

A. 违反交通信号灯

B. 使用伪造机动车号牌

C. 违反禁令标志指示

D. 拨打和接听手机的

答案：B

73. 驾驶与准驾车型不符的机动车一次记几分？

A. 9分 　　　　B. 6分

C. 3分 　　　　D. 1分

答案：A

74. 饮酒后驾驶机动车一次记几分？

A. 1分 　　　　B. 3分

C. 6分 　　　　D. 12分

答案：D

75. 造成交通事故后逃逸，尚不构成犯罪的一次记几分？

A. 12分 　　　B. 6分

C. 3分 　　　　D. 1分

答案：A

76. 上道路行驶的机动车未悬挂机动车号牌的一次记几分？

A. 1分 　　　　B. 3分

C. 6分 　　　　D. 9分

答案：D

77. 上道路行驶的机动车故意遮挡、污损、未悬挂机动车号牌的一次记几分？

A. 9分 　　　　B. 6分

C. 3分 　　　　D. 1分

答案：A

78. 使用伪造、变造的机动车号牌一次记几分？

A. 1分 　　　　B. 3分

C. 6分 　　　　D. 12分

答案：D

79. 使用伪造、变造的行驶证一次记几分？

A. 12分 　　　B. 6分

C. 3分 　　　　D. 1分

答案：A

80. 驾驶人有下列哪种违法行为一次记6分？

A. 饮酒后驾驶机动车

B. 使用其他车辆行驶证

C. 车速超过规定时速50%以上

D. 违法占用应急车道行驶

答案：D

81.驾驶人驾驶机动车违反道路交通信号灯通行一次记多少分？

　　A. 2分　　　　B. 3分

　　C. 6分　　　　D. 12分

　　答案：C

82.有下列哪种违法行为的机动车驾驶人将被一次记6分？

　　A.驾驶与准驾车型不符的机动车

　　B.饮酒后驾驶机动车

　　C.驾驶机动车违反道路交通信号灯规定

　　D.未取得校车驾驶资格驾驶校车

　　答案：C

83.有下列哪种违法行为的机动车驾驶人将被一次记12分？

　　A.驾驶故意污损号牌的机动车上道路行驶

　　B.机动车驾驶证被暂扣期间驾驶机动车的

　　C.以隐瞒、欺骗手段补领机动车驾驶证的

　　D.驾驶机动车不按照规定避让校车的

　　答案：A

84.摩托车从注册登记之日起4年以内多长时间检验1次？

　　A. 1年　　　　B. 2年

　　C. 3年　　　　D. 4年

　　答案：B

85.摩托车从注册登记之日起超过几年的每年检验1次？

　　A. 1年　　　　B. 2年

　　C. 3年　　　　D. 4年

　　答案：D

86.下列关于三轮摩托车载物宽度的说法正确的是哪一项？

　　A.不得超过车身0.15米

　　B.不得超过车身

　　C.不得超过车身0.20米

　　D.不得超过车身0.25米

　　答案：B

87.下列关于轻便摩托车的说法正确的是哪一项？

　　A.可乘载未满12周岁的未成年人

　　B.可以乘载18周岁以上的成年人

　　C.不得载人

　　D.可乘载学龄前儿童

　　答案：C

88.驾驶机动车违反道路交通安全法律法规发生交通事故属于交通违章行为。

　　答案：×

89.驾驶机动车在道路上违反道路通行规定应当接受相应的处罚。

　　答案：√

90.对未取得驾驶证驾驶机动车的，追究其法律责任。

　　答案：√

91.对违法驾驶发生重大交通事故且构成犯罪的，不追究其刑事责任。

　　答案：×

92.造成交通事故后逃逸且构成犯罪的驾驶人，将吊销驾驶证且终身不得重新取得驾驶证。

　　答案：√

93.驾驶机动车在道路上违反交通安全法规的行为属于违法行为。

　　答案：√

94. 驾驶人要按照驾驶证载明的准驾车型驾驶车辆。

答案：√

95. 对于上路行驶的机动车，驾驶人未随车携带身份证的，交通警察可依法扣留机动车。

答案：×

96. 上路行驶的机动车未放置检验合格标志的，交通警察可依法扣留机动车。

答案：√

97. 伪造、变造机动车驾驶证构成犯罪的将被依法追究刑事责任。

答案：√

98. 驾驶机动车上路前应当检查车辆的安全技术性能。

答案：√

99. 不得驾驶具有安全隐患的机动车上道路行驶。

答案：√

100. 拼装的机动车只要认为安全就可以上路行驶。

答案：×

101. 已经达到报废标准的机动车经大修后可以上路行驶。

答案：×

102. 驾驶机动车上路行驶应当按规定悬挂号牌。

答案：√

103. 服用国家管制的精神药品可以短途驾驶机动车。

答案：×

104. 饮酒后只要不影响驾驶操作可以短距离驾驶机动车。

答案：×

105. 驾驶人在驾驶证丢失后3个月内还可以驾驶机动车。

答案：×

106. 驾驶人持超过有效期的驾驶证可以在1年内驾驶机动车。

答案：×

107. 驾驶人的驾驶证损毁后不得驾驶机动车。

答案：√

108. 记分满12分的驾驶人拒不参加学习和考试的将被公告驾驶证停止使用。

答案：√

109. 驾驶人的机动车驾驶证被依法扣留、暂扣的情况下不得驾驶机动车。

答案：√

110. 交通信号包括交通信号灯、交通标志、交通标线和交通警察的指挥。

答案：√

111. 交通标志和交通标线不属于交通信号。

答案：×

112. 交通信号灯由红灯、绿灯和黄灯组成。

答案：√

113. 道路交通标线分为指示标线、警告标线、禁止标线。

答案：√

114. 在路口遇有交通信号灯和交通警察指挥不一致时，按照交通信号灯通行。

答案：×

115. 驾驶机动车不能进入红色叉形灯或者红色箭头灯亮的车道。

答案：√

116. 驾驶机动车在道路上超车时可以不使用转向灯。

答案：×

117. 驾驶机动车在道路上超车完毕驶回原车道时开启右转向灯。

答案：√

118. 驾驶机动车在道路上掉头时提前开启左转向灯。

答案：√

119. 驾驶机动车在道路上向右变更车道可以不使用转向灯。

答案：×

120. 驾驶机动车在沙尘天气条件下行车不用开启前照灯、示廓灯和后位灯。

答案：×

121. 驾驶机动车在雾天行车开启雾灯和危险报警闪光灯。

答案：√

122. 夜间驾驶机动车通过人行横道时需要交替使用远近光灯。

答案：√

123. 驾驶机动车上坡时,在将要到达坡道顶端时要加速并鸣喇叭。

答案：×

124. 驾驶机动车上道路行驶,不允许超过限速标志标明的最高时速。

答案：√

125. 驾驶机动车在没有中心线的城市道路上行驶，最高速度不能超过每小时50千米。

答案：×

126. 驾驶机动车在没有中心线的公路上行驶，最高速度不能超过每小时70千米。

答案：×

127. 驾驶机动车掉头、转弯、下陡坡时的最高速度不能超过每小时40千米。

答案：×

128. 驾驶机动车通过窄路、窄桥时的最高速度不能超过每小时30千米。

答案：√

129. 驾驶机动车超车时应该提前开启左转向灯，变换使用远近光灯或鸣喇叭。

答案：√

130. 驾驶机动车超车后立即开启右转向灯驶回原车道。

答案：×

131. 驾驶机动车行经城市没有列车通过的铁路道口时允许超车。

答案：×

132. 驾驶机动车在隧道、陡坡等特殊路段不得超车。

答案：√

133. 夜间驾驶机动车在窄路、窄桥会车时正确的做法是使用远光灯。

答案：×

134. 驾驶机动车通过交叉路口时要遵守交通信号。

答案：√

135. 驾驶机动车在没有交通信号的路口要尽快通过。

答案：×

136. 驾驶机动车在没有交通信号的路口遇到前方车辆缓慢行驶时要依次交替通行。

答案：√

137. 驾驶机动车通过漫水路时要加速行驶。

答案：×

138. 驾驶机动车遇到漫水桥时要察明水情，确认安全后再低速通过。

答案：√

139.机动车在道路上发生故障难以移动时要在车后50米以内设置警告标志。

答案：×

140.机动车在道路上发生轻微交通事故且妨碍交通时，不需移动。

答案：×

141.机动车在夜间道路上发生故障难以移动时要开启危险报警闪光灯、示廓灯、后位灯。

答案：√

142.行车中遇到执行紧急任务的消防车、救护车、工程救险车时要及时让行。

答案：√

143.行车中遇到正在进行作业的道路养护车辆、工程作业车时要注意避让。

答案：√

144.在道路上临时停车不得妨碍其他车辆和行人通行。

答案：√

145.驾驶机动车找不到停车位时可以借人行道停放。

答案：×

146.距离交叉路口50米以内的路段不能停车。

答案：√

147.社会车辆在距离消防栓或者消防队（站）门前30米以内的路段不能停车。

答案：√

148.在距离桥梁、陡坡、隧道50米以内的路段不能停车。

答案：√

149.在距离宽度不足4米的窄路50米以内的路段不能停车。

答案：√

150.驾驶机动车在道路上发生交通事故要立即将车移到路边。

答案：×

151.驾驶人在发生交通事故后因抢救伤员变动现场时要标明位置。

答案：√

152.在道路上发生交通事故造成人身伤亡时，要立即抢救受伤人员并迅速报警。

答案：√

153.驾驶人违反交通运输管理法规发生重大事故致人重伤的可能判处3年以下徒刑或拘役。

答案：√

154.驾驶人违反交通运输管理法规发生重大事故致人死亡的处3年以上有期徒刑。

答案：×

155.驾驶人违反交通运输管理法规发生重大事故使公私财产遭受重大损失的可能处3年以下徒刑或拘役。

答案：√

156.驾驶人违反交通运输管理法规发生重大事故后逃逸，或者有其他特别恶劣情节的，处7年以上有期徒刑。

答案：×

157.驾驶人违反交通运输管理法规发生重大事故后，因逃逸致人死亡的，处3年以上7年以下有期徒刑。

答案：×

158.驾驶人在道路上驾驶机动车追逐竞驶，情节恶劣的处3年以下有期徒刑。

答案：×

159.驾驶人在道路上醉酒驾驶机动车的处3年以上有期徒刑。

答案：×

160. 对未放置检验合格标志上道路行驶的车辆，交通警察可依法予以扣留。

答案：√

161. 交通警察对未放置保险标志上道路行驶的车辆可依法扣留行驶证。

答案：×

162. 对有伪造或变造号牌、行驶证嫌疑的车辆，交通警察可依法予以扣留

答案：√

163. 对有使用伪造或变造检验合格标志嫌疑的车辆，交通警察只进行罚款处罚。

答案：×

164. 对使用其他车辆号牌、行驶证的车辆，交通警察可依法予以扣留。

答案：√

165. 对未按照国家规定投保交强险的车辆，交通警察可依法予以扣留。

答案：√

166. 对发生道路交通事故需要收集证据的事故车，交通警察可以依法扣留。

答案：√

167. 驾驶人有使用其他车辆号牌、行驶证嫌疑的，交通警察可依法扣留车辆。

答案：√

168. 驾驶人有使用其他车辆检验合格标志嫌疑的，交通警察可依法扣留车辆。

答案：√

169. 驾驶人有使用其他车辆保险标志嫌疑的，交通警察可依法扣留车辆。

答案：√

170. 驾驶人将机动车交给驾驶证被吊销的人驾驶的，交通警察依法扣留驾驶证。

答案：√

171. 驾驶人将机动车交给驾驶证被暂扣的人驾驶的，交通警察给予口头警告。

答案：×

172. 驾驶人驾驶有达到报废标准嫌疑机动车上路的，交通警察依法予以拘留。

答案：×

173. 驾驶人在一个记分周期内累积记分达到12分的，交通警察依法扣留驾驶证。

答案：√

174. 发生交通事故造成人员受伤时，要保护现场并立即报警。

答案：√

175. 道路交通事故中，驾驶人有饮酒、醉酒嫌疑时，要保护现场并立即报警。

答案：√

176. 道路交通事故中，机动车无号牌、检验合格标志、保险标志时，要保护现场并立即报警。

答案：√

177. 驾驶机动车发生财产损失交通事故，当事人对事实及成因无争议的可先撤离现场。

答案：√

178. 驾驶机动车发生财产损失交通事故后，当事人对事实及成因无争议，移动车辆时需要对现场进行拍照或者标划停车位置。

答案：√

179. 机动车发生财产损失交通事故，对应当自行撤离现场而未撤离的，交通警察不可以责令当事人撤离现场。

答案：×

180. 机动车发生财产损失交通事故，对应当自行撤离现场而未撤离造成交通堵塞的，可以对驾驶人处以200元罚款。

答案：√

181. 酒后驾驶发生重大交通事故被依法追究刑事责任的人不能申请机动车驾驶证。

答案：√

182. 造成交通事故后逃逸构成犯罪的人不能申请机动车驾驶证。

答案：√

183. 驾驶人在驾驶证核发地车辆管理所管辖区以外居住的，可以向居住地车辆管理所申请换证。

答案：√

184. 道路交通安全违法行为累积记分一个周期满分为12分。

答案：√

185. 驾驶人记分没有达到满分，有罚款尚未缴纳的，记分转入下一记分周期。

答案：√

186. 驾驶人在实习期内驾驶机动车时，应当在车身后部粘贴或者悬挂统一式样的实习标志。

答案：√

187. 机动车驾驶人在实习期内有记满12分记录的，注销其实习的准驾车型驾驶资格。

答案：√

188. 伪造、变造或者使用伪造、变造驾驶证的驾驶人构成犯罪的，将依法追究刑事责任。

答案：√

189. 造成交通事故后逃逸，尚不构成犯罪的一次记12分。

答案：√

190. 饮酒后驾驶机动车的一次记12分。

答案：√

191. 使用伪造、变造的驾驶证一次记12分。

答案：√

192. 使用其他机动车号牌、行驶证的一次记3分。

答案：×

193. 违反交通信号灯通行的一次记6分。

答案：√

194. 在高速公路上行驶时车速超过规定时速50%以上的一次记12分。

答案：√

195. 车速超过规定时速达到50%的一次记3分。

答案：×

196. 驾驶机动车不按照规定避让校车的，一次记3分。

答案：√

看动画视频

看动画视频

1.在事故现场抢救伤员的基本要求是什么？

  A.先治伤，后救命

  B.先救命，后治伤

  C.先帮助轻伤员

  D.后救助重伤员

  答案：B

2.遇伤者被压于车轮或货物下时，要立即拉拽伤者的肢体将其拖出。

  答案：×

  解析：必须将车轮或货物移开后再将伤者移出。如果硬拖的话，将使伤者伤得更严重。

3.受伤者在车内无法自行下车时，可设法将其从车内移出，尽量避免二次受伤。

  答案：√

4.抢救昏迷失去知觉的伤员时需注意什么？

  A.马上实施心肺复苏

  B.使劲掐伤员的人中

  C.连续拍打伤员面部

  D.抢救前先检查呼吸

  答案：D

5.搬运昏迷失去知觉的伤员时要采取仰卧位。

  答案：×

  解析：不能采用仰卧位，窒息是由于呼吸道上端阻塞和误吸入血液、分泌物、呕吐物或异物而引起，所以采用侧俯卧可以最大限度地减少伤员误吸入血液、分泌物、呕吐物或异物。

6.抢救昏迷失去知觉的伤员要在抢救前先检查呼吸。

  答案：√

  解析：检查呼吸的目的是了解伤员的生命体征，而这必须是要先确认的。

7.抢救失血伤员时，要先采取什么措施？

  A.观察

  B.包扎

  C.止血

  D.询问

  答案：C

8.在没有绷带急救伤员的情况下，以下救护行为中错误的是什么？

  A.用手帕包扎

  B.用毛巾包扎

  C.用棉质衣服包扎

  D.用细绳缠绕包扎

  答案：D

  解析：根据受伤位置的不同和创面的大小，可以利用毛巾、手帕做成简易的三角巾。棉质衣服相对比较柔软，因此可以。细绳由于其表面不是平整光滑的，也不够柔软，因此不能用于包扎。

9.采用指压止血法为动脉出血的伤员止血时，拇指压住伤口的什么位置？

　　A.近心端动脉

　　B.血管下方动脉

　　C.远心端动脉

　　D.血管中部

　　答案：A

　　解析：近心端就是血管靠近心脏方向的一端。动脉血管中血液的流动依靠心脏搏动来完成，如果动脉血管出血，压迫近心端血管就可以降低心脏对血液的传递，达到减少出血的目的。

10.包扎止血不能用的物品是什么？

　　A.绷带

　　B.三角巾

　　C.止血带

　　D.麻绳

　　答案：D

11.在没有绷带急救伤员的情况下，可用毛巾、手帕、床单、长筒尼龙袜子等代替绷带包扎。

　　答案：√

12.在紧急情况下为伤员止血时，须先用压迫法止血后再根据出血情况改用其他止血法。

　　答案：√

13.救助失血过多出现休克的伤员要采取保暖措施。

　　答案：√

　　解析：失血过多时体温会下降。

14.救助全身燃烧伤员采取哪种应急措施？

　　A.用沙土覆盖火焰灭火

　　B.向身上喷冷水灭火

　　C.用灭火器进行灭火

　　D.帮助脱掉燃烧的衣服

　　答案：B

　　解析：全身燃烧伤员皮肤已经受损，因此若是用选项A的方法，沙土上附着的病原体会造成严重感染，事后的清理和后续治疗也会相当麻烦。用选项B的方法，不但能够给创面降温，还可清洁伤口，救治时限可以放宽到12小时。用选项C的方法，灭火器喷出的物质也会对身体造成伤害。选项D，燃烧的衣服都破了，碎片粘到身上，无法脱下。

15.烧伤伤员口渴时，可喝少量的淡盐水。

　　答案：√

　　解析：烧伤有创面，会损失体液，淡盐水可补充体液。人的体液本来就含盐，淡盐水可迅速补充盐分。

16.烧伤伤员口渴时，只能喝白开水。

　　答案：×

　　解析：较严重的烧伤伤员常有口渴的感觉。这是由于皮肤大面积烧伤后，体液从伤面大量外渗，致使体内血容量下降，水分减少所致。伤员口渴感越重，常表示伤情越重。医学证明，烧伤后，在失去体液的同时，体液中的钠盐也跟着一起丧失，如果单纯给病人喝白开水，可导致血液内氯化钠浓度进一步下降，细胞外液渗透压降低，引起细胞内水肿，出现脑水肿或肺水肿，形成所谓的水中毒，可危及伤员生命。因此，千万不能给烧伤伤员喝白开水，但可喝含盐饮料。配比是：每1000毫升水中加食盐3克。

17.救助全身燃烧伤员可以采取向身上喷冷水灭火的措施。

　　答案：√

18. 救助有害气体中毒伤员，首先采取的措施是什么？

    A. 采取保暖措施

    B. 将伤员转移到有新鲜空气的地方

    C. 进行人工呼吸

    D. 进行胸外心脏按压

    答案：B

    解析：中毒伤员所处的空间肯定空气不流通，可能还存在有害气体。所以要先做选项B的措施，然后才能做选项A、C、D等措施。

19. 为防止因有害气体中毒的伤员继续中毒，首先将伤员转移到空气新鲜的地方。

    答案：√

20. 抢救骨折伤员时应注意什么？

    A. 迅速抬上担架送往医院

    B. 适当调整损伤时的姿势

    C. 用绷带对骨折部位进行包扎

    D. 不要移动身体骨折部位

    答案：D

21. 怎样抢救脊柱骨折的伤员？

    A. 采取保暖措施

    B. 用软板担架运送

    C. 用三角巾固定

    D. 扶持伤者移动

    答案：C

22. 伤员骨折处出血时，要先固定，然后止血和包扎伤口。

    答案：×

23. 移动脊柱骨折的伤员，切勿扶持伤者走动，可用软担架运送。

    答案：×

    解析：脊柱骨折后，非常微小的震动都

会造成柔软的脊髓损伤，所以必须固定脊柱，软担架根本不能避免机械损伤，要用硬担架。

24. 伤员大腿、小腿和脊椎骨折时，一般不要随便移动伤者。

    答案：√

25. 对无骨端外露的骨折伤员肢体进行固定时，要超过伤口上下关节。

    答案：√

    解析：固定肢体时超过骨折的上下关节，面积增大，压力减少，更利于避免第二次伤害。

26. 伤员骨折处出血时，先固定好肢体，再进行止血和包扎。

    答案：×

    解析：先止血，再固定好肢体并进行包扎。

27. 火药、炸药和起爆药属于哪类危险化学品？

    A. 氧化性物质

    B. 易燃固体

    C. 爆炸品

    D. 自燃物品

    答案：C

    解析：氧化性物质是指在有氧气的环境下会被氧化，发生化学反应，这三类物质在空气中不会自己变化，所以不选A。这三类物质都不会自燃，所以不选D。这三类物质不易燃，都需要明火点燃，都不是易燃物品，所以不选B。应选C。

28. 火柴、硫黄和赤磷属于哪类危险化学品？

    A. 爆炸品

    B. 氧化性物质

C. 自燃物品

D. 易燃固体

答案：D

解析：易燃固体是指在常温下以固态形式存在，燃点较低，遇火、受热、撞击、摩擦或接触氧化剂能引起燃烧的物质。

29. 下列属于危险易燃固体的是什么？

A. 火柴

B. 火药

C. 电石

D. 炸药

答案：A

30. 易燃液体一旦发生火灾，要及时用水扑救。

答案：×

解析：如果易燃液体密度比水小，就不能用水扑救火灾，因为易燃液体会浮在水面上继续燃烧。

31. 腐蚀品着火时，不能用水柱直接喷射扑救。

答案：√

解析：无机腐蚀品或有机腐蚀品直接燃烧时，除能与水发生反应的物质外，可用大量的水灭火，但宜用雾状水。用高压水柱直接喷射，腐蚀品可以乱飞，从而灼伤灭火人员。液体腐蚀品应用干沙、干土覆盖吸收，扫干净后，再用水洗刷。大量溢出时可用稀酸或稀碱中和。中和时，要防止发生剧烈反应。用水洗刷撒漏现场时，只能缓慢地浇洗或用雾状水喷淋，以防水珠飞溅伤人。

32. 危险化学品具有爆炸、易燃、毒害、腐蚀、放射性等特性。

答案：√

33. 扑救易散发腐蚀性蒸气或有毒气体的火灾时，扑救人员应穿戴防毒面具和相应的防护用品，站在上风处施救。

答案：√

34. 液化石油气罐车在运输途中发生大量泄漏时，下列措施错误的是什么？

A. 切断一切电源

B. 戴好防护面具和手套

C. 关闭阀门制止渗漏

D. 组织人员向下风方向疏散

答案：D

解析：应当往上风方向疏散。

35. 道路危险货物运输驾驶人、装卸人员和押运员必须了解所运载的危险化学品的性质、危害特性、包装容器的使用特性和发生意外时的应急措施。

答案：√

解析：道路危险货物运输装卸管理人员和押运人员应当接受相关法规、安全知识、专业技术、职业卫生防护和应急救援知识的培训，了解危险货物性质、危害特征、包装容器的使用特性和发生意外时的应急措施（参见《道路运输从业人员管理规定》）。

36. 驾驶机动车发生交通事故后，应注意是否有燃油泄漏、管路破裂的情况，避免意外情况出现。

答案：√

37. 驾驶机动车遇车辆出现燃烧现象，应迅速离开车内，以免对呼吸道造成伤害或发生窒息。

答案：√

38. 抢救有害气体中毒伤员时，应第一时间将伤员移送到有新鲜空气的地方，脱离危险环境，防止吸入更多有害气体。

答案：√

39. 交通事故中急救中毒伤员，以下做法错误的是什么？

A. 尽快将中毒人员移出毒区

B. 脱去接触有毒空气的衣服

C. 用清水清洗暴露部位

D. 原地等待救援

答案：D

40. 在交通事故现场，一旦遇到有毒有害物质泄漏，一定要第一时间疏散人员，并立即报警。

答案：√

41. 因交通事故造成有害气体泄漏后，进入现场抢救伤员时，抢救人员须佩戴空气呼吸器或用湿毛巾捂住口鼻。

答案：√

42. 紧急情况下避险始终要把人的生命安全放到第一位。

答案：√

43. 驾驶机动车在高速公路上行驶的过程中，发现前方有动物突然横穿时，不可以采取急转的方式避让。

答案：√

44. 成人心肺复苏时，胸外按压频率是多少？

A. 80 ~ 100次/分钟

B. 60 ~ 80次/分钟

C. 100 ~ 120次/分钟

D. 120 ~ 140次/分钟

答案：C

45. 现场救护应遵循什么原则？

A. 安全原则

B. 避免二次伤害原则

C. 先救命后治伤原则

D. 争取时间原则

答案：ABCD

46. 救助烧伤伤员时，在伤口已经起泡的情况下，可用什么覆盖在水泡上进行保护？

A. 手帕

B. 围巾

C. 塑料袋或保鲜膜

D. 卫生纸

答案：C

47. 对于没有救护知识或经验的人员，不得盲目施救，这样是为了避免二次伤害。

答案：√

48. 对烫伤进行处理时，应首先考虑用常温清水持续冲洗烫伤部位。

答案：√

49. 驾驶机动车载运危险化学物品，应当经哪个部门批准后，按指定的时间、路线、速度行驶，悬挂警示标志并采取必要的安全措施？

A. 公安机关

B. 道路运输管理机构

C. 城市管理部门

D. 环保部门

答案：A

50. 腐蚀品着火时，应用水柱向高空喷射形成雾状覆盖火区。

答案：√

51. 伤员上肢或小腿出血，且没有骨折和关节损伤时，可用加压包扎止血法止血。

答案：×

52.这个标志是何含义？

A. T 形交叉路口

B. Y 形交叉路口

C. 十字交叉路口

D. 环形交叉路口

答案：C

53.这个标志是何含义？

A. T 形交叉路口

B. Y 形交叉路口

C. 十字交叉路口

D. 环形交叉路口

答案：A

54.这个标志是何含义？

A. 向左急转弯

B. 向右急转弯

C. 向右绕行

D. 连续弯路

答案：B

55.这个标志是何含义？

A. 向左急转弯

B. 向右急转弯

C. 向左绕行

D. 连续弯路

答案：A

56.这个标志是何含义？

A.N 形弯路

B. 急转弯路

C. 反向弯路

D. 连续弯路

答案：C

57.这个标志是何含义？

A.N 形弯路

B. 急转弯路

C. 反向弯路

D. 连续弯路

答案：D

58.这个标志是何含义？

A.堤坝路

B.上陡坡

C.连续上坡

D.下陡坡

答案：B

59.这个标志是何含义？

A.堤坝路

B.上陡坡

C.下陡坡

D.连续上坡

答案：C

60.这个标志是何含义？

A.连续上坡

B.上陡坡

C.下陡坡

D.连续下坡

答案：D

61.这个标志是何含义？

A.两侧变窄

B.右侧变窄

C.左侧变窄

D.宽度变窄

答案：A

62.这个标志是何含义？

A.两侧变窄

B.右侧变窄

C.左侧变窄

D.宽度变窄

答案：B

63.这个标志是何含义？

A.两侧变窄

B.右侧变窄

C.左侧变窄

D.宽度变窄

答案：C

64.这个标志是何含义?

A.窄路

B.右侧变窄

C.左侧变窄

D.窄桥

答案：D

65.这个标志是何含义?

A.人行横道

B.注意行人

C.注意儿童

D.学校区域

答案：B

66.这个标志是何含义?

A.注意行人

B.人行横道

C.注意儿童

D.学校区域

答案：C

67.这个标志是何含义?

A.交叉路口

B.注意信号灯

C.注意行人

D.人行横道灯

答案：B

68.这个标志是何含义?

A.注意行人

B.有人行横道

C.村庄或集镇

D.有小学校

答案：C

69.这个标志是何含义?

A.路面低洼

B.驼峰桥

C.路面不平

D.路面高突

答案：C

70. 这个标志是何含义？

A. 路面低洼

B. 驼峰桥

C. 路面不平

D. 路面高突

答案：D

71. 这个标志是何含义？

A. 路面高突

B. 有驼峰桥

C. 路面不平

D. 路面低洼

答案：D

72. 这个标志是何含义？

A. 过水路面

B. 渡口

C. 泥泞道路

D. 低洼路面

答案：A

73. 这个标志是何含义？

A. 无人看守铁路道口

B. 有人看守铁路道口

C. 多股铁路与道路相交

D. 立交式的铁路道口

答案：B

74. 这个标志是何含义？

A. 多股铁路与道路相交

B. 有人看守铁路道口

C. 无人看守铁路道口

D. 注意长时鸣喇叭

答案：C

75. 这个标志是何含义？

A. 避让非机动车

B. 非机动车道

C. 禁止非机动车通行

D. 注意非机动车

答案：D

76.这个标志是何含义？

A.注意残疾人

B.残疾人出入口

C.残疾人休息处

D.残疾人专用通道

答案：A

77.这个标志是何含义？

A.施工路段

B.事故易发路段

C.减速慢行路段

D.拥堵路段

答案：B

78.这个标志是何含义？

A.施工路段

B.车多路段

C.慢行

D.拥堵路段

答案：C

79.这个标志是何含义？

A.事故多发路段

B.减速慢行

C.注意危险

D.拥堵路段

答案：C

80.这个标志是何含义？

A.不准车辆驶入

B.不准长时间停车

C.停车让行

D.不准临时停车

答案：C

81.这个标志是何含义？

A.不准让行

B.会车让行

C.停车让行

D.减速让行

答案：D

82.这个标志是何含义？

A.禁止驶入

B.禁止通行

C.减速行驶

D.限时进入

答案：B

83.这个标志是何含义？

A.禁止向左转弯

B.禁止驶入左车道

C.禁止车辆掉头

D.禁止向左变道

答案：A

84.这个标志是何含义？

A.禁止驶入路口

B.禁止向右转弯

C.禁止车辆掉头

D.禁止变更车道

答案：B

85.这个标志是何含义？

A.禁止掉头

B.禁止向右转弯

C.禁止直行

D.禁止向左转弯

答案：C

86.这个标志是何含义？

A.禁止在路口掉头

B.禁止向左向右变道

C.禁止车辆直行

D.禁止向左向右转弯

答案：D

87.这个标志是何含义？

A.禁止直行和向左转弯

B.禁止直行和向左变道

C.允许直行和向左变道

D.禁止直行和向右转弯

答案：A

88.这个标志是何含义？

A.禁止直行和向左转弯

B.禁止直行和向左变道

C.允许直行和向左变道

D.禁止直行和向右转弯

答案：D

89.这个标志是何含义？

A.禁止直行

B.禁止掉头

C.禁止变道

D.禁止左转

答案：B

90.这个标志是何含义？

A.禁止借道

B.禁止变道

C.禁止超车

D.禁止掉头

答案：C

91.这个标志是何含义？

A.解除禁止借道

B.解除禁止变道

C.准许变道行驶

D.解除禁止超车

答案：D

92.这个标志是何含义？

A.允许长时停车

B.允许临时停车

C.禁止长时停车

D.禁止停放车辆

答案：D

93.这个标志是何含义？

A.允许长时停车

B.禁止临时停车

C.禁止长时停车

D.禁止停放车辆

答案：C

94.这个标志是何含义？

A.禁止长时鸣喇叭

B.断续鸣喇叭

C.禁止鸣喇叭

D.减速鸣喇叭

答案：C

95.这个标志是何含义？

A.限制40吨轴重

B.限制最高时速40千米

C.前方40米减速

D.最低时速40千米

答案：B

96.这个标志是何含义？

A.40米减速行驶路段

B.最低时速40千米

C.解除时速40千米限制

D.最高时速40千米

答案：C

97.这个标志是何含义？

A.边防检查

B.禁止通行

C.海关检查

D.停车检查

答案：D

98.这个标志是何含义？

A.直行车道

B.只准直行

C.单行路

D.禁止直行

答案：B

99.这个标志是何含义？

A.直行车道

B.单行路

C.向左转弯

D.禁止直行

答案：C

100.这个标志是何含义?

A.直行车道

B.只准直行

C.单行路

D.向右转弯

答案：D

101.这个标志是何含义?

A.直行和向右转弯

B.直行和向左转弯

C.禁止直行和向右转弯

D.只准向左和向右转弯

答案：A

102.这个标志是何含义?

A.直行和向右转弯

B.直行和向左转弯

C.禁止直行和向左转弯

D.只准向右和向左转弯

答案：B

103.这个标志是何含义?

A.禁止向右转弯

B.禁止向左转弯

C.向左和向右转弯

D.禁止向左右转弯

答案：C

104.这个标志是何含义?

A.靠道路右侧停车

B.只准向右转弯

C.右侧是下坡路段

D.靠右侧道路行驶

答案：D

105.这个标志是何含义?

A.靠左侧道路行驶

B.只准向左转弯

C.左侧是下坡路段

D.靠道路左侧停车

答案：A

106.这个标志是何含义？

A.右侧通行

B.左侧通行

C.向右行驶

D.环岛行驶

答案：D

107.这个标志是何含义？

A.应当鸣喇叭

B.禁止鸣喇叭

C.禁止鸣高音喇叭

D.禁止鸣低音喇叭

答案：A

108.这个标志是何含义？

A.人行横道

B.学生通道

C.儿童通道

D.注意行人

答案：A

109.这个标志是何含义？

A.禁止小型车行驶

B.机动车行驶

C.只准小型车行驶

D.不准小型车通行

答案：B

110.这个标志是何含义？

A.小型车车道

B.小型车专用车道

C.机动车车道

D.多乘员车辆专用车道

答案：C

111.这个标志是何含义？

A.非机动车停车位

B.电动自行车行驶

C.非机动车停放区

D.非机动车行驶

答案：D

112.这个标志是何含义？

A.非机动车车道

B.禁止自行车通行车道

C.自行车专用车道

D.停放自行车路段

答案：A

113.这个标志是何含义？

A.掉头   B.倒车

C.左转   D.绕行

答案：A

114.出车前对轮胎进行哪些方面的检查？

A.什么也不用检查

B.轮胎有没有清洗

C.备胎在什么位置

D.轮胎的紧固和气压

答案：D

115.会车中道路一侧有障碍，双方机动车应如何做？

A.无障碍一方让对向先行

B.速度慢的让速度快的先行

C.有障碍的一方让对向先行

D.速度快的让速度慢的先行

答案：C

116.机动车在狭窄的坡路会车时，正确的会车方法是什么？

A.下坡车让上坡车

B.坡顶交会时距离坡顶远的一方让行

C.上坡车让下坡车

D.下坡车已行至中途而上坡车未上坡时，让上坡车

答案：A

117.超车时前方机动车不减速、不让道，驾驶人怎么办？

A.连续鸣喇叭加速超越

B.加速继续超越

C.停止继续超车

D.紧跟其后，伺机再超

答案：C

118.超车时，发现前方机动车正在超车，驾驶人怎么办？

A.紧跟其后，伺机超越

B.加速强行超越

C.连续鸣喇叭催前车让路

D.停止超车，让前方机动车先超车

答案：D

119.机动车在雨天临时停车时，应开启什么灯？

A.前后防雾灯

B.危险报警闪光灯

C.前大灯

D.倒车灯

答案：B

120.机动车在雾天临时停车时，应开启什么灯？

A.危险报警闪光灯、示廓灯和后位灯

B.左转向灯、示廓灯和后位灯

C.前大灯、示廓灯和后位灯

D.倒车灯、示廓灯和后位灯

答案：A

121. 机动车在夜间临时停车时，应开启什么灯？

A.前后防雾灯、示廓灯和后位灯

B.前大灯、示廓灯和后位灯

C.危险报警闪光灯、示廓灯和后位灯

D.倒车灯、示廓灯和后位灯

答案：C

122. 机动车在雪天临时停车时，应开启什么灯？

A.前后防雾灯、示廓灯和后位灯

B.倒车灯、示廓灯和后位灯

C.前大灯、示廓灯和后位灯

D.危险报警闪光灯、示廓灯和后位灯

答案：D

123. 机动车停车的错误做法是什么？

A.应当在规定地点停放

B.禁止在人行道上停放

C.在道路上临时停车时，不得妨碍其他机动车和行人通行

D.可以停放在非机动车道上

答案：D

124. 夜间驾驶机动车在窄路或者窄桥遇自行车对向驶来时，要怎样使用灯光？

A.连续变换远、近光灯

B.使用示廓灯

C.使用远光灯

D.使用近光灯

答案：D

125. 夜间机动车通过照明条件良好的路段时，要怎样使用灯光？

A.前后雾灯

B.近光灯

C.远光灯

D.危险报警闪光灯

答案：B

126. 机动车在夜间通过没有交通信号灯控制的交叉路口时，要怎样使用灯光？

A.使用远光灯

B.使用近光灯

C.使用危险报警闪光灯

D.交替使用远近光灯示意

答案：D

127. 夜间驾驶机动车在照明条件良好的路段跟车行驶怎样使用灯光？

A.关闭前照灯

B.使用远光灯

C.关闭所有车灯

D.使用近光灯

答案：D

128. 机动车驶入双向行驶隧道前，要如何使用灯光？

A.开启危险报警闪光灯

B.开启远光灯

C.开启雾灯

D.开启近光灯

答案：D

129. 行车中遇抢救伤员的救护车从本车道逆向驶来时，要怎样做？

A.靠边减速或停车让行

B.占用其他车道行驶

C.加速变更车道避让

D.在原车道内继续行驶

答案：A

130.驾驶机动车在雨天遇到撑雨伞和穿雨衣的行人在路边行走时，怎样礼让？

A.以正常速度行驶

B.临近鸣喇叭示意

C.加速从左侧绕行

D.提前减速鸣喇叭

答案：D

131.驾驶机动车变更车道时，属于交通陋习的是什么行为？

A.提前开启转向灯

B.仔细观察后变更车道

C.随意并线

D.不得妨碍其他车道正常行驶的车

答案：C

132.驾驶人边驾车边吸烟的做法有什么影响？

A.妨碍安全驾驶

B.可提高注意力

C.可缓解驾驶疲劳

D.不影响驾驶操作

答案：A

133.下长坡时，控制车速的正确方法是什么？

A.空挡滑行

B.挂低速挡

C.踏下离合器踏板滑行

D.使用驻车制动器

答案：B

134.下长坡连续使用行车制动会造成什么不良后果？

A.缩短发动机使用寿命

B.驾驶人容易疲劳

C.容易造成机动车倾翻

D.制动器制动效果下降

答案：D

135.驾驶机动车在山区道路怎样跟车行驶？

A.紧随前车之后

B.加大安全距离

C.减小纵向间距

D.尽快超越前车

答案：B

136.山区上坡路段跟车过程中遇前车停车时怎么办？

A.从前车两侧超越

B.紧跟前车后停车

C.保持大距离停车

D.连续鸣喇叭提示

答案：C

137.下长坡控制车速最安全的方法是什么？

A.挂入空挡滑行

B.踏下离合器滑行

C.利用发动机制动

D.持续踏制动踏板

答案：C

138.驾驶机动车上坡行驶如何保持充足动力？

A.在车速下降前减挡

B.在车速下降后减挡

C.在车速过低时减挡

D.尽量使用越级减挡

答案：A

139.机动车驶近坡道顶端等影响安全视距的路段时，要如何保证安全？

A.快速通过

B.使用危险报警闪光灯

C.减速慢行并鸣喇叭示意

D.随意通行

答案：C

140.夜间驾驶机动车超车遇前车不让路时怎样处置？

A.连续鸣喇叭提示

B.开远光灯尾随行驶

C.保持距离等待让行

D.连续变换前照灯远、近光灯

答案：C

141.夜间会车前，两车在相距150米之外交替变换前照灯远、近光的作用是什么？

A.会车前两车之间相互提示

B.驾驶操作的习惯行为

C.便于双方观察前方情况

D.驾驶人之间的一种礼节

答案：C

142.机动车在夜间行驶如何保证安全？

A.以最高设计车速行驶

B.降低速度，谨慎驾驶

C.保持现有速度行驶

D.以超过规定的最高车速行驶

答案：B

143.驾驶机动车在雨天临时停车注意什么？

A.开启危险报警闪光灯

B.开启前后雾灯

C.开启近光灯

D.在车后设置警告标志

答案：A

144.当机动车在湿滑路面上行驶时，路面附着力随着车速的增加如何变化？

A.急剧增大

B.逐渐增大

C.急剧减小

D.没有变化

答案：C

145.在冰雪路面上减速或停车，要怎样降低车速？

A.充分利用行车制动器

B.充分利用发动机的牵制作用

C.充分利用驻车制动器

D.充分利用缓速器

答案：B

146.驾驶机动车在冰雪路面怎样跟车行驶？

A.保持较大的安全距离

B.开启危险报警闪光灯

C.不断变换前照灯远、近光

D.适时鸣喇叭提示前车

答案：A

147.驾驶机动车在结冰的道路上怎样会车？

A.两车临近时减速

B.适当加速交会

C.提前减速，缓慢交会

D.尽量靠近中线交会

答案：C

148.驾驶机动车在山区冰雪道路上遇前车正在爬坡时如何处置？

A.前车通过后再爬坡

B.迅速超越前车爬坡

C.低速超越前车爬坡

D.紧随前车后爬坡

答案：A

149.驾驶机动车在冰雪路面行车时应注意什么？

A.制动距离延长

B.抗滑能力变大

C.路面附着力变大

D.制动距离变短

答案：A

150.驾驶机动车遇到大雾或特大雾等能见度过低的天气时如何做?

A.开启前照灯低速行驶

B.开启雾灯低速行驶

C.选择安全地点停车

D.紧靠路边低速行驶

答案: C

151.雾天对安全行车的主要影响是什么?

A.易发生侧滑

B.能见度低

C.行驶阻力大

D.视野变宽

答案: B

152.在雾天驾驶机动车,怎样跟车行驶?

A.保持大间距

B.开启远光灯

C.开启近光灯

D.适时鸣喇叭

答案: A

153.在雾天驾驶机动车,两车交会时怎样做最安全?

A.开启远光灯

B.低速大间距

C.开启近光灯

D.开启雾灯

答案: B

154.在泥泞路段行车容易出现什么现象?

A.行驶阻力大

B.车轮侧滑

C.机动车颠簸

D.方向失控

答案: B

155.驾驶机动车通过漫水桥,停车观察水情确认安全后,怎样通过?

A.挂高速挡快速通过

B.时刻观察水流的变化

C.做好随时停车准备

D.挂低速挡匀速通过

答案: D

156.遇紧急情况避险时,要沉着冷静,坚持什么样的处理原则?

A.先避人后避物

B.先避物后避车

C.先避车后避人

D.先避物后避人

答案: A

157.轮胎气压过低时,高速行驶可能导致什么结果?

A.气压不稳

B.气压增高

C.行驶阻力减小

D.爆胎

答案: D

158.轮胎气压过低时,高速行驶轮胎会出现波浪变形温度升高而导致什么情况发生?

A.气压不稳

B.气压更低

C.行驶阻力增大

D.爆胎

答案: D

159.避免爆胎的错误做法是什么?

A.降低轮胎气压

B.定期检查轮胎

C.及时清理轮胎沟槽里的异物

D.更换有裂纹或有很深损伤的轮胎

答案：A

160.在事故现场抢救伤员的基本要求是什么？

A.先治伤，后救命

B.先救命，后治伤

C.先帮助轻伤员

D.后救助重伤员

答案：B

161.下列关于驾驶摩托车的说法正确的是哪一项？

A.双手可以临时离开转向把

B.可以随意操作转向把

C.严禁双手同时离开转向把

D.严禁原地转动转向把

答案：C

162.下列关于使用摩托车制动的错误做法是哪一项？

A.同时使用前后制动

B.先使用前轮制动

C.先使用后轮制动

D.不能过早使用前制动

答案：B

163.下列关于夏季驾驶摩托车的错误做法是哪一项？

A.长时间高速行驶

B.用油门控制车速

C.尽量不用或少用制动

D.尽量不要载人或载货

答案：A

164.摩托车后轮胎爆裂时，驾驶人应当怎样做？

A.迅速转动转向把

B.双手紧握转向把

C.迅速向相反方向转动转向把

D.迅速采取制动措施

答案：B

165.驾驶人发现转向把不灵活时，下列做法哪一项是错误的？

A.应尽快减速停车

B.在安全地点停车

C.继续驾驶

D.停车查明原因

答案：C

166.下列哪一项防护装备是摩托车驾驶人按规定应当佩戴的？

A.眼镜

B.安全头盔

C.手套

D.安全护膝

答案：B

167.出车前检查冷却液、发动机机油、燃油等是否有渗漏现象。

答案：√

168.机动车在路边起步后应尽快提速，并向左迅速转向驶入正常行驶道路。

答案：×

169.机动车在路边起步后，应随时注意机动车两侧道路情况，向左缓慢转向，逐渐驶入正常行驶道路。

答案：√

170.驾驶机动车汇入车流时不能影响其他机动车通行。

答案：√

171.驾驶机动车从辅路汇入主路车流时要迅速。

答案：×

172.预计在超车过程中与对面来车有会车可能时，应提前加速超越。

答案：×

173.机动车通过急转弯路段时，在其他机动车较少的情况下可以超车。

答案：×

174.道路划设专用车道的，在专用车道内，其他机动车可以借道超车。

答案：×

175.机动车行经交叉路口时，不得超车。

答案：√

176.夜间驾驶机动车在照明条件良好的路段可以不使用灯光。

答案：×

177.在行驶中，驾驶人在注意与前车保持安全距离的同时，也要谨慎制动，防止被后车追尾。

答案：√

178.在道路上跟车行驶时，跟车距离不是主要的，只需保持与前车相等的速度，即可防止发生追尾事故。

答案：×

179.机动车遇有急弯路时要在进入弯路后减速。

答案：×

180.驾驶机动车遇到骑自行车人占道影响通行时，可连续鸣喇叭加速从其左侧绕行。

答案：×

181.驾驶机动车遇到成群青少年绕过路边停放的机动车时，要主动减速让行。

答案：√

182.驾驶人一边驾车，一边吸烟，对安全行车无影响。

答案：×

183.行车中不开转向灯强行并线是违法行为。

答案：√

184.驾驶人在确认后方无来车的情况下，可以不开转向灯变更车道。

答案：×

185.机动车行驶中遇有自行车借道通行时，可急促鸣喇叭示意让道。

答案：×

186.驾驶人边驾车，边打手持电话，是违法行为。

答案：√

187.在正常行车中，尽量靠近中心线或压线行驶，不给对向机动车留有侵占行驶路线的机会。

答案：×

188.女驾驶人穿高跟鞋驾驶机动车，不利于安全行车。

答案：√

189.驾驶人频繁变更车道不属于驾驶陋习。

答案：×

190.在大雨天行车，为避免发生"水滑"而造成危险，要控制速度行驶。

答案：√

191.雨天超车要开启前照灯，连续鸣喇叭迅速超越。

答案：×

192.在雨天湿滑路面行车要尽量避免紧急制动。

答案：√

193.在冰雪道路上行车时，由于积雪对光线的反射，极易造成驾驶人眩目。

答案：√

194.在冰雪道路上行车时，机动车的稳定性降低，加速过急时车轮易空转或溜滑。

答案：√

195.雪天行车中，在有车辙的路段要循车辙行驶。

答案：√

196.在冰雪路面上行驶时不能使用紧急制动，但可采取急转向的方法躲避其他车辆。

答案：×

197.在雪天临时停车时要开启前照灯和雾灯。

答案：×

198.大雾天气能见度低，开启远光灯会提高能见度。

答案：×

199.雾天公路行车可多使用喇叭引起对向注意；听到对向机动车鸣喇叭，也要鸣喇叭回应。

答案：√

200.驾驶机动车在大雾天临时停车后，只开启雾灯和近光灯。

答案：×

201.驾驶机动车在雾天行车要开启雾灯。

答案：√

202.大风天气行车中，如果遇到狂风袭来，感觉机动车产生横向偏移时，要急转方向以恢复行驶方向。

答案：×

203.机动车行至泥泞或翻浆路段时，要停车观察，选择平整、坚实或有车辙的路段缓慢通过。

答案：√

204.泥泞路对安全行车的影响是车轮极易空转和侧滑。

答案：√

205.机动车涉水后，驾驶人要间断轻踩制动踏板，以恢复制动效能。

答案：√

206.漫水道路行车时，要挂高速挡，快速通过。

答案：×

207.驾驶机动车通过漫水路时驾驶人要挂低速挡匀速通过。

答案：√

208.涉水驾驶要保持车速均匀、车辆有足够动力，避免停留。

答案：√

209.车速较快，前方发生紧急情况时，要先转方向避让，再采取制动减速，以减小碰撞损坏程度。

答案：×

210.驾驶人发现轮胎漏气，将机动车驶离主车道时，不要紧急制动，以免造成翻车或后车采取制动不及时导致追尾事故。

答案：√

211.行车中当机动车突然爆胎时，驾驶人切忌慌乱中急踩制动踏板，尽量采用抢挂低速挡的方法，利用发动机制动使机动车减速。

答案：√

212. 避免机动车爆胎的正确做法是降低轮胎气压。

答案：×

213. 驾驶人行车中意识到爆胎时，要轻踏制动踏板，缓慢减速停车。

答案：√

214. 行车中遇突然爆胎时，驾驶人要急踏制动踏板，减速停车。

答案：×

215. 行车中当驾驶人意识到机动车爆胎时，应在控制住方向的情况下采取紧急制动，迫使机动车迅速停住。

答案：×

216. 摩托车驾驶人及乘坐人员应当按规定戴安全头盔。

答案：√

217. 在道路同方向划有2条以上机动车道的，摩托车应当在最左侧车道行驶。

答案：×

218. 轻便摩托车只允许乘载学龄前儿童。

答案：×

219. 驾驶摩托车时可单手离车把，但不得双手同时离把。

答案：×

220. 驾驶摩托车时不得在车把上悬挂物品。

答案：√

221. 乘坐两轮摩托车的人应当侧向骑坐。

答案：×

222. 摩托车不得牵引车辆或者被其他车辆牵引。

答案：√

223. 使用伪造机动车号牌、行驶证的，交通警察可以扣留摩托车。

答案：√

224. 驾驶摩托车时，应穿着颜色鲜明的长袖及长裤服装，易被其他交通参与者发现。

答案：√

225. 穿高跟鞋驾驶摩托车，不利于安全行车。

答案：√

226. 驾驶摩托车可以穿拖鞋。

答案：×

227. 狂风袭来，可能会使行驶中的摩托车产生横向偏移。

答案：√

228. 在冰雪道路上行车时，摩托车的稳定性降低，加速过急时车轮极易空转或打滑。

答案：√

229. 在泥泞路上制动时，摩托车车轮易发生侧滑或甩尾，导致交通事故。

答案：√

230. 摩托车高速行驶时，仅使用前轮制动，驾驶人易因惯性从车上甩出导致摔伤。

答案：√

231. 驾驶摩托车使用制动时，先使用前轮制动，后使用后轮制动。

答案：×

232. 驾驶摩托车紧急制动时，应特别注意使车身垂直于路面，以免摩托车侧滑倾倒。

答案：√

233. 摩托车在较高速度转弯过程中，应当尽量不用或少用制动，否则易产生侧滑。

答案：√

234. 摩托车通过弯道或曲线路段时，应提前减速，换入空挡。

答案：×

235. 侧身乘坐摩托车极不安全，一旦发生侧滑，由于重心不稳，会被甩出造成伤亡。

答案：√

236. 摩托车在颠簸路面上行驶时，驾驶人应采用低挡低速，尽量选择坑大的地方行驶，以减小颠簸。

答案：×

237. 摩托车前轮爆胎时，会产生严重的左右摆动，驾驶人应立即减小油门，紧握转向把，逐级减挡，减速停车。

答案：√

238. 摩托车遇危险、复杂路况时，驾驶人应以中低速匀速行驶，注意保持车身平衡，谨慎通过。

答案：√

239. 摩托车下长坡时要减挡行驶，以充分利用发动机的制动作用。

答案：√

240. 摩托车在下坡行驶时，可充分利用空挡滑行。

答案：×

241. 摩托车在山区道路下急坡时，切忌超车。

答案：√

242. 摩托车通过立交桥时，如发现选择路线错误，应立即在原地掉头或倒车更改路线。

答案：×

243. 摩托车涉水后，制动器的制动效果不会改变。

答案：×

244. 摩托车在冰雪路制动时，驾驶人应采用点制动，并在制动时双脚做好落地的准备。

答案：√

245. 摩托车行至泥泞路段时，驾驶人应停车观察，选择平整、坚实的路段通过。

答案：√

246. 驾驶人发现轮胎漏气，将摩托车驶离主车道时，不要紧急制动，以免造成翻车或后车制动不及时导致追尾事故。

答案：√

247. 摩托车爆胎时，驾驶人应迅速踏下制动踏板减速，极力控制转向把，迅速停车。

答案：×

248. 摩托车爆胎后，驾驶人在尚未控制住车速前，不要冒险使用制动器停车，以避免摩托车横甩发生更大的险情。

答案：√

249. 摩托车爆胎时，驾驶人应在控制住方向的情况下采取紧急制动，迫使摩托车迅速停住。

答案：×

250. 转弯时速度过快，摩托车容易冲出弯道或侧滑。

答案：√

251. 行至两座山谷之间，如果遇到较强的横风，感觉摩托车产生横向偏移时，要急转转向把调正行进方向。

答案：×

252. 摩托车高速行驶时急转向，极易造成侧滑相撞或在离心力作用下倾翻的事故。

答案：√

253.驾驶摩托车时应当穿着有脚后跟、鞋底不容易滑的鞋或靴，以保证用脚换挡的灵活、准确而可靠。

答案：√

254.驾驶摩托车前必须戴好安全头盔，调整后视镜的角度至能够看清左右两侧后方情况。

答案：√

255.乘坐摩托车的人，不必戴安全头盔。

答案：×

256.通过居民小区时需要注意什么？

A.遵守标志

B.低速行驶

C.不鸣喇叭

D.避让居民

答案：ABCD

257.驾驶机动车通过学校时应注意什么？

A.注意观察标志标线

B.注意减速慢行

C.不要鸣喇叭

D.快速通过

答案：ABC

258.驾驶机动车遇到校车在道路右侧停车上下学生时，应注意什么？

A.同向只有一条机动车道，后方机动车应当停车等待

B.同向有两条机动车道，左侧车道后方机动车可以减速通过

C.同向有三条机动车道，中间车道后方机动车应当停车等待

D.同向有三条机动车道，左侧车道后方机动车可以减速通过

答案：ACD

259.机动车行经没有交通信号的道路，遇行人横过道路时，以下做法错误的是什么？

A.减速或停车避让

B.鸣喇叭催促

C.寻找间隙穿插驶过

D.绕前通过

答案：BCD

260.驾驶机动车过程中遇到专注于使用手机的行人时，以下说法正确的是什么？

A.注意观察

B.从一侧加速绕过

C.谨慎驾驶

D.做好停车准备

答案：ACD

261.夜间会车时，对面来车不关闭远光灯怎么办？

A.及时减速让行，必要时靠边停车

B.开启远光灯，迫使来车变换灯光

C.视线向右平移，防止眩目

D.交替变换远近光灯，提醒来车

答案：ACD

262.夜间路边临时停车，以下做法错误的是什么？

A.不开启灯光

B.开启远光灯

C.开启危险报警闪光灯

D.开启示廓灯和后位灯

答案：AB

263.夜间驾驶机动车会车时，对方一直使用远光灯，以下做法正确的是什么？

A.不停变换远近光灯以及鸣喇叭提醒对方

B.视线适当右移，避免直视灯光

C.降低车速，靠右行驶

D.变换远光灯行驶

答案：BC

264.林某驾车以110千米/小时的速度在城市道路行驶，与一辆机动车追尾后弃车逃离而被群众拦下。经鉴定，事发时林某血液中的酒精浓度为264.8毫克/100毫升。林某的主要违法行为是什么？

A.醉酒驾驶

B.超速驾驶

C.疲劳驾驶

D.肇事逃逸

答案：ABD

解析：超速，城市道路最高车速不超过50千米/小时。注意"弃车逃离""酒精浓度"这些关键词。

265.驾驶汽车遇雨、雪、雾等视线不清或路面较滑时怎样安全会车？

A.降低车速行驶

B.加大横向间距

C.应当加速行驶

D.必要时停车避让

答案：ABD

266.雨天影响安全行车的主要因素有哪些？

A.视线受阻

B.路面湿滑

C.附着力变小

D.行驶阻力增大

答案：ABC

267.雨天安全行车的注意事项是什么？

A.避免紧急制动和紧急转向

B.保持足够的安全距离

C.注意非机动车和行人动态

D.选择安全车速行驶

答案：ABCD

268.雨天驾驶机动车减速慢行的主要原因是什么？

A.影响驾驶人视野

B.过快的速度会使得机动车油耗增加

C.制动距离会增大

D.紧急制动易发生侧滑

答案：ACD

269.雨天驾驶机动车，不宜超车的主要原因是什么？

A.不能准确判断周围车辆距离

B.周围车辆驾驶人不容易看清超车信号

C.道路湿滑，车辆易出现侧滑现象

D.不能够及时发现危险情况

答案：ABCD

270.雨天驾驶机动车，不可以急踩制动踏板的主要原因是什么？

A.易导致后车追尾

B.会相应增大油耗

C.易产生侧滑

D.会相应减少油耗

答案：AC

271.冰雪路面对行车有哪些不利影响？

A.车辆操控难度增大

B.制动距离延长

C.易产生车轮滑转

D.极易发生侧滑

答案：ABCD

272.雾天机动车在道路上通行，驾驶人要怎样做？

A.减速慢行

B.保持安全车距

C.正确使用灯光

D.高速行驶

答案：ABC

273.为什么大雪天气，在有雪泥的路上超车危险？

A.雪泥可以增加轮胎的附着力

B.飞起的雪泥使视线不好

C.雪泥下的路面更容易打滑

D.遇紧急情况制动距离长

答案：BCD

274.通过泥泞道路时，以下做法正确的是什么？

A.停车观察前方道路

B.避免使用行车制动

C.尽量避免中途换挡

D.提前换入低速挡

答案：ABCD

275.机动车通过隧道时，禁止以下哪些行为？

A.超车　　　　B.停车

C.掉头　　　　D.倒车

答案：ABCD

276.在隧道内通行时哪些行为是不正确的？

A.会车使用远光灯

B.在隧道内超车

C.会车时保持安全间距

D.开启近光灯行驶

答案：AB

277.驾驶机动车行经驼峰桥会车时，以下做法正确的是什么？

A.降低车速　　B.靠右通行

C.鸣喇叭示意　D.抢行通过

答案：ABC

278.驾驶机动车在山区道路下坡路段尽量避免超车，以下说法正确的是什么？

A.下坡路段车辆由于重力作用，车速容易过快

B.下坡路段由于重力作用，车辆比平路时操控困难

C.下坡路段车辆阻力很大

D.下坡路段前车车速较快，难以超越

答案：AB

279.驾驶机动车在山区道路上坡路段接近坡顶时，超车存在风险，以下说法正确的是什么？

A.接近坡顶时视线受阻，无法观察坡顶之后道路走向

B.接近坡顶时视线受阻，无法观察对向来车情况

C.接近坡顶时车速较慢

D.接近坡顶时视线受阻，无法观察坡顶之后是否有障碍物

答案：ABD

280.驾驶机动车在山区上坡路段行驶，以下做法正确的是什么？

A.应尽量匀速前进

B.应尽量避免换挡

C.时刻注意下行车辆

D.应选择高速挡

答案：ABC

281.驾驶机动车在山区路段超车时，以下做法正确的是什么？

A.提前开启左转向灯

B.提前鸣喇叭

C.确认前车让超后超越

D.直接加速超越

答案：ABC

282.关于停车，以下做法错误的是什么？

A.在交叉路口停车

B.在铁路道口停车

C.在山区易落石路段停车

D.在停车场停车

答案：ABC

283.应该选择什么地点停车？

A.停车场

B.道路施划的停车泊位内

C.人行横道

D.施工路段

答案：AB

284.以下什么地点不能停车？

A.人行横道

B.停车场

C.山区容易塌方、泥石流路段

D.道路施划的停车泊位内

答案：AC

285.关于超车，以下说法正确的是什么？

A.提前开启左转向灯

B.夜间交替使用远近光灯

C.鸣喇叭提示

D.加速从右侧超越

答案：ABC

286.关于超车，以下说法正确的是什么？

A.超车时从前车左侧超越

B.超车时从前车右侧超越

C.超车完毕，立即开启右转向灯驶回原车道

D.超车完毕，与被超车拉开必要的安全距离后开启右转向灯驶回原车道

答案：AD

287.掉头时，以下做法正确的是什么？

A.不开转向灯

B.提前开启左转向灯

C.在掉头车道掉头

D.在直行车道掉头

答案：BC

288.跟车行驶时，要留有足够的安全距离，是因为什么？

A.遇到紧急情况时，能有足够的避让空间

B.跟车越近，越不容易掌握前车前方的情况

C.防止因前车尾灯损坏，不能及时发现前车制动

D.跟车太近，容易发生追尾

答案：ABCD

289.在道路上怎样安全跟车行驶？

A.注意观察前车动态

B.随时做好减速准备

C.尽量靠路左侧行驶

D.保持安全距离

答案：ABD

290.以下跟车情况中，应当注意的情形有哪些？

A.跟随出租汽车行驶时，要预防其随时可能靠边停车上下乘客

B.当前方汽车贴有实习标志时，应增大跟车距离，预防前车紧急制动

C.前方为装满货物的大货车时，应增大跟车距离并避免长时间跟随，以预防货物抛撒和车后盲区带来的危险

D.雾天跟车行驶，注意前车紧急制动

答案：ABCD

291.关于影响制动停车距离的因素，以下说法正确的是什么？

A.车辆行驶速度

B.驾驶人的反应时间

C. 路面状况

D. 载货量的多少以及制动器的结构形式等

答案：ABCD

292. 行车中发动机突然熄火后，要采取什么措施？

A. 立即停车检修

B. 立即开启危险报警闪光灯

C. 将机动车移到不妨碍交通的地点停车

D. 放置故障车警告标志

答案：BCD

293. 机动车行驶至转弯路段时，易引发事故的驾驶行为有什么？

A. 机动车占对向道行驶

B. 在弯道内急转转向盘

C. 在驶入弯道前不减速

D. 机动车靠路右侧行驶

答案：ABC

294. 驾驶机动车准备进入拥堵的环形路口时，以下做法错误的是什么？

A. 继续驶入拥堵路口

B. 鸣喇叭让路口内的车让行

C. 快速驶入路口

D. 让路口内的车先行

答案：ABC

295. 机动车避免爆胎的正确做法是什么？

A. 降低轮胎气压

B. 定期检查轮胎

C. 及时清理轮胎沟槽内的异物

D. 更换掉有裂纹或损伤的轮胎

答案：BCD

296. 出车前检查的目的是什么？

A. 确认机动车车胎是否损毁

B. 确认周围是否有障碍物

C. 确认在车辆附近是否存在安全隐患

D. 确认出车方向的安全性

答案：ABCD

297. 行车中驾驶人接打手机或发短信有什么危害？

A. 影响乘车人休息

B. 分散驾驶注意力

C. 影响正常驾驶操作

D. 遇紧急情况反应不及

答案：BCD

298. 下列做法哪些可以有效避免驾驶疲劳？

A. 连续驾驶不超过4小时

B. 用餐不宜过饱

C. 保持良好的睡眠

D. 餐后适当休息后驾车

答案：ABCD

299. 生交通事故后，防止二次事故的有效措施是什么？

A. 疏散人员

B. 开启危险报警闪光灯

C. 标记伤员的原始位置

D. 正确放置危险警告标志

答案：ABD

300. 当您遇到以下车辆时，需要礼让的是什么？

A. 救护车　　　　B. 消防车

C. 警车　　　　　D. 校车

答案：ABCD

301. 行车中遇儿童时，应怎样做？

A. 长鸣喇叭催促

B. 减速慢行，必要时停车避让

C. 迅速从一侧通过

D. 加速绕行

答案：B

302.驾驶机动车接近路口时，可以加速鸣喇叭通过。

答案：×

303.路口黄灯持续闪烁，警示驾驶人要注意瞭望，确认安全通过。

答案：√

304.这个路面标记是何含义？

A.自行车专用道

B.非机动车道

C.摩托车专用道

D.电瓶车专用道

答案：B

305.驾驶机动车遇到这样的行人应怎样行驶？

A.从其前方绕过

B.从其身后绕行

C.鸣喇叭提醒

D.主动停车礼让

答案：D

306.驾驶机动车在这种情况下要尽快加速通过。

答案：×

解析：积水路面，湿滑，要注意减速慢行，防止溅起大水花弄湿行人和非机动车。

307.驾驶机动车在有这种标志的路口怎样通过最安全？

A.停车观察路口情况

B.加速尽快进入路口

C.减速观察左后方情况

D.减速缓慢进入路口

答案：D

308.行车中，遇非机动车抢行时，应怎样做？

A.鸣喇叭警告

B.加速通过

C.减速让行

D.临近时突然加速

答案：C

309.驾驶机动车看到路边有这种标志时怎样行驶？

A.采取紧急制动

B.减速注意观察

C.断续鸣喇叭

D.做好绕行准备

答案：B

310.驶近没有人行横道的交叉路口时，发现有人横穿道路，应怎样做？

A.减速或停车让行

B.鸣喇叭示意其让道

C.抢在行人之前通过

D.立即变道绕过行人

答案：A

311.驾驶机动车在该处不影响行人正常通行的情况下可以掉头。

答案：×

解析：不得跨越双黄实线。

312.驾驶机动车遇到这种情况的人行横道应怎样通过？

A.减速通过

B.加速通过

C.鸣喇叭通过

D.紧急制动

答案：A

解析：通过路口不管有没有其他交通参与者，为了养成良好的安全习惯，都应减速通过。

313.如图所示，当您看到这个标志时，应该想到什么？

A.前方有人行横道

B.应当相应快速行驶

C.视野范围内无行人可以保持原速行驶

D.视野范围内无行人可以适当加速通过

答案：A

314.在交叉路口遇到这种情况时，要在红灯亮以前加速通过路口。

答案：×

解析：黄灯亮没有过停止线，停车等待。

315.驾车接近人行横道无人情况下，可以加速通过人行横道。

答案：×

316.驾驶机动车在没有交通信号的路口要加速通过。

答案：×

317.驾驶机动车遇到这种情况要如何行驶？

A.低速缓慢通过

B.加速通过

C.连续鸣喇叭通过

D.保持正常车速通过

答案：A

解析：防止溅起大的水花。

318.驾驶机动车遇到这种情况的行人可连续鸣喇叭催其让道。

答案：×

解析：老人行动不便，反应迟钝，连续鸣喇叭会让老人受惊吓，同时也不礼貌。

319.驾驶机动车遇到这种情况时，要快速向左绕过。

答案：×

解析：不能跨越左侧黄实线，遇到这样的情况，必须停车观察情况。

320.遇到这种情形时要停车避让行人。

答案：√

321.驾驶机动车在这种情况下怎样礼让行人？

A.等行人通过后再起步

B.起步从行人前方绕过

C.鸣喇叭告知行人让道

D.起步后缓慢靠近行人

答案：A

322.驾驶机动车突然遇到这种情况应怎样做？

A.减速或停车让行

B.从行人前方绕行

C.持续鸣喇叭提醒

D.从行人后方绕行

答案：A

323.驾驶机动车遇到这样的行人怎样礼让？

A.加速从前方绕过

B.加速从身后绕行

C.减速或停车让行

D.连续鸣喇叭提醒

答案：C

324.驾驶机动车在路口看到这种信号灯亮时，要加速通过。

答案：×

解析：黄灯亮没有过停止线，停车等待。

325.驾驶机动车在路口遇到这种情况要随时准备停车礼让。

答案：√

326.驾驶机动车遇到这样的情况要停车让行。

答案：√

327.在路口遇这种情形要减速让行。

答案：√

328.在学校门口遇到这种情况要做好随时停车的准备。

答案：√

329.驾驶机动车在路口遇到这种情况的行人应怎么办？

A.及时减速停车让行
B.鸣喇叭示意其让道
C.加速从行人前通过
D.开前照灯示意其让道

答案：A

330.驾驶机动车在这种情况下可以适当鸣喇叭加速通过。

答案：×

解析：要减速让行，必要时停车等待。

331.这个地面标记是什么标线？

A. 人行横道预告

B. 交叉路口预告

C. 减速让行预告

D. 停车让行预告

答案：A

332. 在这种路口怎样进行掉头？

A. 在人行横道上掉头

B. 进入路口后掉头

C. 从右侧车道掉头

D. 从中心线虚线处掉头

答案：D

333. 驾驶机动车在这个位置怎样安全通过？

A. 加速从行人前通过

B. 从行人后绕行通过

C. 减速、鸣喇叭示意

D. 停车等待行人通过

答案：D

334. 行车中对出现这种行为的人不能礼让。

答案：×

解析：不让也许发生事故。

335. 行车中遇列队横过道路的学生时，应怎样做？

A. 提前加速抢行

B. 停车让行

C. 降低车速、缓慢通过

D. 连续鸣喇叭催促

答案：B

336. 浓雾天气能见度低，开启远光灯会提高能见度。

答案：×

337. 遇到这种情形时，应怎么办？

A. 从行人前方绕行

B. 停车让行人先行

C. 鸣喇叭提醒行人

D. 从行人后方绕行

答案：B

338. 突然出现这种情况，驾驶人要及时减速或停车避让。

答案：√

339. 驾驶机动车在人行横道前遇到这种情况一定要减速慢行。

答案：×

解析：应停车让行。

340. 驾驶机动车在学校门口遇到这种情况应怎样行驶？

A. 从列队前方绕过

B. 减速慢行通过

C. 及时停车让行

D. 从列队空隙穿过

答案：C

341. 路口最前端的双白虚线是什么含义？

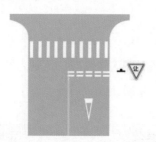

A. 等候放行线

B. 停车让行线

C. 减速让行线

D. 左弯待转线

答案：C

342. 路口最前端的双白实线是什么含义？

A. 等候放行线

B. 停车让行线

C. 减速让行线

D. 左弯待转线

答案：B

343. 图中圈内白色横实线是何含义？

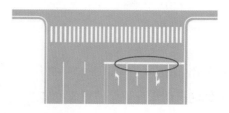

A. 停止线

B. 让行线

C. 减速线

D. 待转线

答案：A

344. 在路口遇到这种情形时怎样做？

A. 停在网状线区域内等待

B. 停在路口以外等待

C. 跟随前车通过路口

D. 停在路口内等待

答案：B

345. 遇到这种情况的路段，可以进入网状线区域内停车等候。

答案：×

346. 驾驶机动车遇到这种情况的人行横道线可以加速通过。

答案：×

解析：应减速或停车等待。

347. 驾驶机动车在有这种标志的路口怎样通过最安全？

A.停车观察路口情况

B.加速尽快进入路口

C.减速观察左后方情况

D.减速缓慢进入路口

答案：D

348. 驾驶机动车在居民小区遇行人缓慢过马路时可以连续鸣喇叭。

答案：×

349. 这个标志是何含义？

A.低速行驶 B.注意行人

C.行人先行 D.步行

答案：D

350. 驾驶机动车在道路上遇到这种情形在其后可以鸣喇叭催催。

答案：×

351. 停车时，以下做法不正确是？

A.在交叉路口停车

B.在铁道路口停车

C.在停车泊位内停车

D.在停车场内停车

答案：AB

352. 驾驶机动车通过学校门口时应注意什么？

A.注意观察标志标线

B.注意减速慢行

C.不要鸣喇叭

D.快速通过

答案：ABC

353. 行车中遇列队横过道路的学生时，应该降低车速、缓慢通过。

答案：×

354.如图所示，接近人行横道线时应怎样安全行驶？

A.连续鸣喇叭警告

B.加速从前方绕过

C.出现危险再减速

D.主动减速让行

答案：D

355.关于超车，以下说法正确的是什么？

A.超车前提前开启左转向灯，提醒前方被超车辆驾驶人

B.切换远、近光灯提醒前方被超车辆驾驶人

C.长时间鸣喇叭警示被超车辆驾驶人

D.完成超车后并回行车道要开启右转向灯

答案：ABD

356.停车时，以下做法正确的是什么？

A.按顺行方向停放

B.车身不得超出停车泊位

C.关闭电路

D.锁好车门

答案：ABCD

357.机动车在夜间发生故障时，驾驶人要做什么以确保安全？

A.选择安全区域停车

B.开启危险报警闪光灯

C.开启示廓灯和后位灯

D.按规定设置警告标志

答案：ABCD

358.在山区道路行驶时，驾驶人要注意什么？

A.保持与前车的安全距离

B.避免转弯时占道行驶

C.上陡坡提前换低速挡

D.下长坡时，充分利用发动机制动

答案：ABCD

359.出车前，应该做的准备工作是什么？

A.仔细巡视车辆四周的状况，观察车底和车身周围是否有障碍物

B.上车后关好车门，调整好座位，系好安全带

C.启动车辆，观察仪表，检查车辆工作是否正常

D.调整好后视镜

答案：ABCD

360.雨天遇到这种行人占道行走时应怎样通行？

A.提前减速行驶

B.提前鸣喇叭提醒

C.不得急加速绕行

D.保持安全间距

答案：ABCD

361.在泥泞道路上行车时，采取的正确做法是什么？

A.尽量避免使用行车制动器

B.选用中低速挡慢速行驶

C.稳握转向盘

D.加速通过

答案：ABC

362.机动车在狭窄的坡路会车时，正确的会车方法是上坡车让下坡车。

答案：×

363.大风天行车需要注意什么？

A.注意车辆的横向移动

B.尽量减少超车

C.尽量避免制动

D.关紧车窗

答案：ACD

364.临时停车，要注意什么？

A.紧靠道路右侧

B.开关车门不得妨碍其他车辆和行人通行

C.交叉路口50米以内不得停车

D.开左转向灯

答案：ABC

365.驾驶机动车看到这个标志时要及时减速，注意观察。

答案：√

366.行驶到这个路口可以压斑马线掉头。

答案：×

367.夜间在这种道路条件应怎样跟车行驶？

A.注意前车信号灯变化

B.使用近光灯

C.保持安全距离

D.做好减速或停车准备

答案：ABCD

368.王某驾驶摩托车发生故障不能行驶，请求李某驾驶小型汽车用软连接装置牵引至修理厂，在行驶途中发生交通事故，造成王某受伤，该起事故中驾驶人的主要违法行为是什么？

A.未按规定车道行驶

B.牵引装置使用错误，应使用连接硬牵引装置

C.超速

D.非法牵引摩托车

答案：D

369.王某驾驶两轮摩托车送9岁的儿子上学途中，以20千米/小时的速度在最右侧道路行驶，行驶至榆林子镇马槽沟村处，与李某驾驶的小型汽车发生碰撞，事故造成2人受伤，该起事故中摩托车驾驶人的主要违法行为是什么？

A.超员

B.超速

C.非法搭载未满12周岁未成年人

D.未按规定车道行驶

答案：C

370. 王某驾驶摩托车逆行，与张某驾驶的两轮电动车发生交通事故，导致张某倒地头部受伤，王某驾驶摩托车逃逸。这起事故中的主要违法行为有哪些？

　　A. 王某无证驾驶

　　B. 王某超速

　　C. 王某驾驶摩托车逆行

　　D. 王某肇事逃逸

　　答案：CD

371. 王某饮酒后驾驶摩托车回家途中，车辆不慎驶离路面后侧翻，王某倒地受伤，车辆受损。鉴定显示，王某血液中乙醇含量为120毫克/100毫升。这起事故中王某的主要违法行为是醉酒后驾驶机动车。

　　答案：√

372. 刘某驾驶摩托车回家途中，将随身携带物品悬挂在车把上，在行驶过程中不慎撞击护栏，刘某受伤。该起事故中主要违法行为是驾驶人刘某在摩托车车把上非法悬挂物品。

　　答案：√

373. 刘某驾驶摩托车在没有道路中心线的城市道路上以40千米/小时的速度行驶，与对向驶来的丁某驾驶的三轮车相撞，导致丁某受重伤。该起事故的主要违法行为是刘某超速行驶。

　　答案：√

扫一扫
看动画视频

扫一扫
看动画视频

扫一扫
看动画视频

依据公安部颁布的《机动车驾驶证申领和使用规定》（公安部令第162号）等文件的规定，摩托车科目二、科目三考试使用GPS或北斗卫星或其他定位技术进行电子化考试。考试系统采用无线通信技术，使场地设备、车载终端设备与考试监控中心实时通信，不受考车位置的限制。而且监控中心采用对多辆考车实时监控的方式，允许同一场地同时有多辆考车进行考试。

摩托车驾驶技能考试系统（科目二和科目三）由场地设备、车载设备、监控中心和候考大厅四个部分组成。其中车载设备监控系统安装在摩托车上，将车辆现场视频及评判信息等传送到监控中心，并在中心服务器、硬盘录像机等设备上进行长期存储。

1.摩托车（含电动类型）驾驶基础知识

三轮汽车、普通三轮摩托车、普通二轮摩托车和轻便摩托车准驾车型的考试内容如下。

科目一：道路交通法规、安全文明驾驶。

科目二：桩考、坡道定点停车和起步、通过单边桥。

注：摩托车需要购买国三以上排放标准燃油车型。车辆挡位要求4挡位以上。

科目三：上车准备、起步、直线行驶、靠边停车、直行通过路口、通过人行横道线、掉头、模拟灯光。

摩托车科目二考试的决定性因素有两个，练熟了，考试十分容易，另外考驾照的目的是安全驾驶，所以必须认真刻苦训练，为拿驾照而训练的想法是不可取的。

❶ 熟悉操纵机件。

❷ 驾驶二轮摩托车要求有良好的平衡能力。平衡能力训练的方法很多，例如，金鸡独立、倒立、跳绳等；或者骑自行车绕"8"字路，"8"字越小，车速越慢，训练效果越好。平衡能力比较强的时候，可以用5个矿泉水瓶装土插5根棍进行模拟绕桩训练。

2.摩托车考试一般规定

摩托车考试满分为100分，成绩达到80分的为合格。

3.科目二与科目三考试综合评判标准

❶ 考试时出现以下情形之一的评判为不合格：

a.不按规定使用安全带或戴安全头盔的；

b.起步时车辆后溜距离大于30厘米的；

c.车辆行驶中骑压车道中心实线或车道边缘实线的；

d.对可能出现危险的情形未采取减速、鸣喇叭等安全措施的；

e.考生未按照预约考试时间参加考试的；

f.二轮摩托车在行驶中左右摇摆或者脚触地的（桩考掉头，需要脚触地的情形除外）。

❷ 考试时出现以下情形之一的扣10分：

a.起步时车辆后溜距离小于30厘米的；

b.因操作不当造成发动机熄火一次的。

4.科目二考试专项评判标准

（1）绕桩

❶ 考试场地和运行路线。

a.绕桩考试场地如图3-1所示。

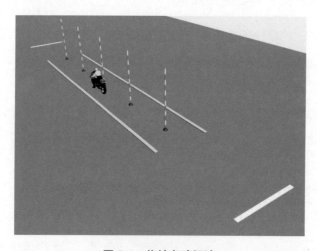

图3-1　绕桩考试场地

b.考试车辆运行路线如图3-2所示。

❷ 操作要求。从起止点线处起步按箭头所示方向绕桩行驶至终点处停车。

❸ 评判标准。

a.不按规定路线、顺序行驶的，不合格。

b.碰擦桩杆的，不合格。

起止点线

图3-2 摩托车绕桩考试车辆运行路线

○桩杆；——— 边线；——→ 前进线

c.车身出线，二轮摩托车轮出线的，不合格。

d.中途停车的，每次扣5分。

❹ 操作要领。在保证不翻倒的情况下，速度要尽量慢。车身要尽量贴着标杆，后视镜和标杆大致平行的时候，开始扭转车把变换方向，不要扭得太多，保证车身不擦碰下一个标杆即可。

温馨提示

绕桩要找准进杆的角度并控制好速度，角度过大或速度过快，都会导致车体没有足够的转向空间而压到限宽线。要选择从边线和标杆的中间位置以一挡或者二挡进入，尽量保持半联动状态，这样可以及时切断动力进行相应的调整。加油要平缓柔和，发现车辆位置与预期不符时，刹车也不能一下刹死。习惯使用一挡行驶的驾驶人在刚进入时可以适当给油，驶出时则需要减速。习惯使用二挡行的驾驶人可尝试匀速通过。

（2）坡道定点停车和起步

❶ 考试场地。坡道定点停车和起步考试场地如图3-3所示。

图3-3 坡道定点停车和起步考试场地

❷ 操作要求。控制车辆准确停车,平稳起步,车辆不得后溜。起步时间不得超过30秒。

❸ 评判标准。

a.车辆停止后,汽车前保险杠或者摩托车前轴未定于桩杆线上,且前后超出50厘米的,不合格。

b.车辆停止后,车身距离路边缘线超出50厘米的,不合格。

c.起步超过规定时间的,不合格。

d.车辆停止后,汽车前保险杠或者摩托车前轴未定于桩杆线上,且前后不超出50厘米的,扣10分;

e.车辆(三轮)停止后,车身距离路边缘线超出30厘米,未超出50厘米的,扣10分。

f.停车后(三轮),未拉紧驻车制动器的,扣10分。

（3）通过单边桥

❶ 考试场地。通过单边桥考试场地如图3-4所示。

图3-4　通过单边桥考试场地

❷ 考试车辆运行路线。通过单边桥考试车辆运行路线如图3-5所示。

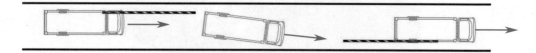

图3-5　通过单边桥考试车辆运行路线

❸ 操作要求。考试过程中,中途不得停车,车轮不得落桥。不同车型操作要求如下:

a.普通二轮摩托车、轻便摩托车从单边桥上驶过;

b.三轮汽车、正三轮摩托车左、右后轮依次驶过左侧、右侧单边桥;

c.侧三轮摩托车，前轮、左后轮从左侧单边桥上驶过，然后右后轮从右侧单边桥上驶过。

❹ 评判标准。

a.其中有一车轮未上桥的，每次扣10分。

b.已骑上桥面，在行驶中出现一个车轮掉下桥面的，每次扣10分。

c.中途停车的，每次扣5分。

5.科目三考试专项评判标准

❶ 上车准备：不检查车辆外观及周围环境的，不合格。

❷ 起步：加速踏板与离合器配合不当，致使发动机转速过高的，扣5分。

❸ 直线行驶：方向控制不稳，不能保持车辆直线运行的，不合格；未及时发现路面障碍物或发现路面障碍物未及时采取减速措施的，扣10分。

❹ 加减挡位操作：车辆运行速度和挡位不匹配的，扣10分。

❺ 通过人行横道、学校区域、公共汽车站：不按规定减速慢行的，不合格；未停车礼让行人的，不合格。

❻ 靠边停车：停车后，车身距离道路右侧边缘线或者人行横道边缘大于30厘米，扣10分。

❼ 掉头：掉头前未能发出掉头信号的，不合格；不能正确观察交通情况选择掉头时机的，不合格。

看动画视频

看动画视频

看动画视频

1.上车准备考试攻略

❶ 不检查车辆外观及周围环境的（仅针对三轮摩托），不合格。

❷ 不绕车一周检查车辆外观及安全状况，不合格。

如图4-1所示。

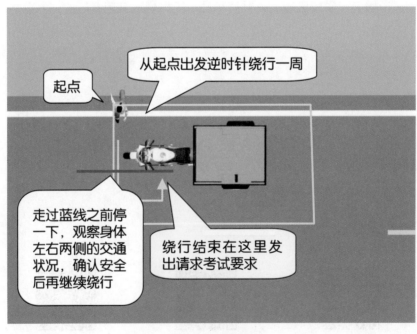

图4-1　上车准备考试攻略（一）

❸ 打开车门前不观察后方交通情况，不合格。

这里车门指的是三轮摩托车的车门。当然，对于二轮摩托车，在上车之前也要注意观察后方和两边的情况。

如图4-2所示。

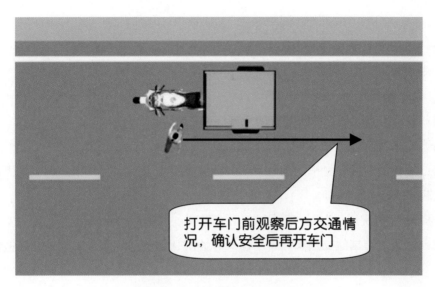

图 4-2 上车准备考试攻略（二）

2.起步考试攻略

❶ 车门未关闭（指有门的三轮摩托车）起步，不合格。

攻略：上车后记住第一件事情就是关好车门。

❷ 起步前，未通过后视镜并向左方侧头，观察左、后方交通情况，不合格。

如图4-3所示。

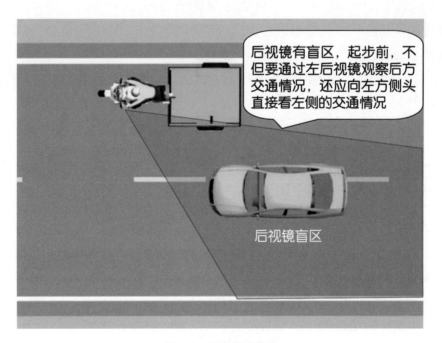

图 4-3 起步考试攻略

❸ 启动发动机时，变速器操纵杆未置于空挡，扣10分。

攻略：启动发动机前用手左右晃动变速器操纵杆，检查是否在空挡（或者P挡）位置，不要用眼看。

❹ 发动机启动后，不及时松开启动开关，扣10分。

攻略：发动机启动后立即松开启动开关。

❺ 不松驻车制动器（指三轮摩托）起步，扣10分。

攻略：起步前要松开驻车制动器。如有缓坡要按坡道起步操作方法起步，即使平路也可按坡道起步操作方法起步。

❻ 道路交通情况复杂时起步不能合理使用喇叭，扣10分。

攻略：如遇人等其他交通参与者不让道等情况，起步前应适当鸣喇叭，等他们让开后再起步。

❼ 起步时车辆发生闯动，扣10分。

攻略：松离合器到半联动前不要加油，松离合器到半联动时，稍停顿，稳住，等车动后边缓加油边松离合器，直到完全松开，即可保证平稳起步。坡道起步时，松离合器到发动机声音下降，车身抖动快被憋熄火前稍停顿并稳住离合器，再松手刹，根据坡度大小，适当踩下油门（也可以在边平稳加油的同时边松手刹，不熟练时可在半联动状态先加点油稳定发动机，再松手刹），等车动后边缓边加油边松离合器，直到完全松开，即可平稳起步。

❽ 起步时，加速踏板控制不当，致使发动机转速过高，扣5分。

攻略：半联动前不加油或稍加油，进入半联动后再根据道路阻力情况（根据发动机声音判断）适当加油。

❾ 启动发动机前，不调整驾驶座椅（指有驾驶室的三轮摩托）、后视镜（指有驾驶室的三轮摩托）、检查仪表，扣5分。

攻略：观察后视镜位置是否合适，如不合适则调整驾驶座椅、后视镜到合适的位置。看各仪表，轰一脚油门，看仪表工作是否正常。

3.直线行驶考试攻略

❶ 方向控制不稳，不能保持车辆直线运动状态，不合格。

攻略：眼看道路前方150米之外，跑偏时要稍打稍回，速度越快打、回的就要越少，稍微来回搓动一点即可。

❷ 遇前车制动时不采取减速措施，不合格。

攻略：根据前车的制动情况，采取收油门减速或制动或减挡等措施。

❸ 超过20秒不通过后视镜观察后方交通情况，扣10分。

攻略：通过后左右视镜观察（有驾驶室的三轮摩托还要观察内后视镜）后方交通情况的时间间隔要在20秒以内。

❹ 不了解车辆行驶速度，扣10分。

攻略：注意观察速度表。

❺ 未及时发现路面障碍物，未及时采取减速措施，扣10分。

攻略：视线不要离开行驶路线，一旦发现障碍要及时采取收油门或制动或减挡等减速措施。

4.变更车道考试攻略

❶ 变更车道前，不通过内、外后视镜观察后方道路交通情况，不合格。

攻略：后视镜有盲区，变更车道前，不但要通过左（或右）后视镜和内后视镜观察后方交通情况，还应向左或右方侧头直接看左侧或右侧的交通情况。

❷ 变更车道时，判断车辆安全距离不合理，妨碍其他车辆正常行驶，不合格。

攻略：变更车道时和前方后方的车辆要保持20米以上的安全距离，横向距离要在1米以上。

❸ 连续变更两条以上车道，不合格。

攻略：变更完一个车道后直行一会，再变更到下一个车道。

5.通过路口

❶ 通过路口前未减速慢行，不合格。

攻略：接近路口时提前减速慢行。

❷ 直行通过路口不观察左、右方交通情况，不合格。

攻略：到路口前，通过路口时要反复观察左、右方交通情况。

❸ 转弯通过路口时，未观察侧前方交通情况或未通过内、外后视镜观察侧后方交通情况，不合格。

攻略：转弯通过路口时，要观察侧前方交通情况，并通过内、外后视镜观察侧后方交通情况，

❹ 遇有路口交通阻塞时进入路口，将车辆停在路口内等候，不合格。

攻略：遇有路口交通阻塞时不要进入路口，应将车辆停在路口外排队等候。

❺ 不按规定避让行人和优先通行的车辆，不合格。

攻略：通过其他交通参与者有通行优先权的地段，要按规定避让。

❻ 左转通过路口时，未靠路口中心点左侧转弯，不合格。

如图4-4所示。

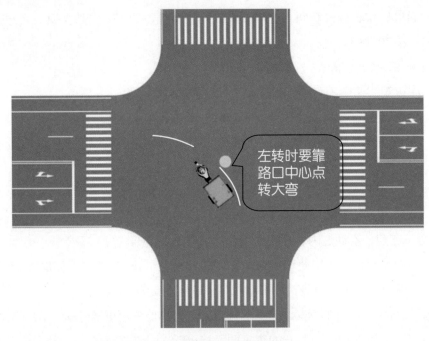

图 4-4 通过路口考试攻略（一）

❼ 机动车通过没有交通信号灯，也没有交通警察指挥，支干不分的且没有交通标志、标线控制的交叉路口，优先通行权如下。

a.转弯的车辆让直行的车辆先行，如图4-5所示。

图 4-5 通过路口考试攻略（二）

b.相对行驶的转弯车辆的优先通行权，如图4-6所示。

图 4-6 通过路口考试攻略（三）

c.车辆直行通过路口的优先通行权。在进入路口前停车瞭望，让右方道路的来车先行，如图4-7所示。

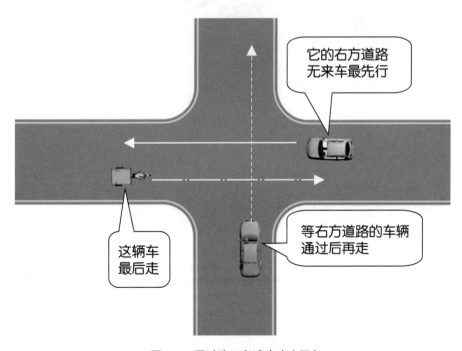

图 4-7 通过路口考试攻略（四）

6.通过人行横道线、学校区域和公共汽车站考试攻略

❶ 不观察左、右方交通情况，不合格。

攻略：通过这些区域时，从较远的地方开始要反复认真观察左、右方交通情况。

❷ 不按规定减速慢行，不合格。

攻略：提前减速慢行。

❸ 遇行人通过人行横道不停车让行，不合格。

❹ 学校大门两侧的道路往往会限制通行时间和速度，要看限行标志。禁止通行的时间段不可通过，在限制通行时间之外的时间，不得超出规定的时速，一般在20千米/小时以内。要减速慢行，脚放刹车踏板上，不踩下，让车辆靠惯性行驶，注意儿童的动向，时刻做好停车准备，发现紧急情况也不会误踩油门踏板。

❺ 通过公共汽车站。

如图4-8所示。

图4-8 通过公共汽车站考试攻略

a.要减速慢行，脚放刹车踏板上，不踩下，让车辆靠惯性行驶，防止盲区中突然出现行人。要时刻做好停车准备，这样发现紧急情况也不会误踩油门踏板。

b.停车，等行人通过后再继续行驶。

7.会车考试攻略

❶ 在没有中心隔离设施或者中心线的道路上会车时，不减速靠右行驶，并与其他车辆、行人或者非机动车未保持安全距离，不合格。

攻略：减速，看右后视镜，直接看右侧，确认右后方、右侧安全后，逐渐适当靠右，并与右侧行人或者非机动车保持足够的安全距离行驶。

❷ 会车困难时不让行，不合格。

攻略：减速或靠右停车让行。

❸ 横向安全间距判断差，紧急转向避让相对方向来车，不合格。

攻略：熟悉车身位置和车轮位置。

8.超车考试攻略

❶ 超车前不通过内、外后视镜观察后方和左侧交通情况，不合格。

攻略：通过内、外后视镜观察后方和左侧交通情况，直接向左转头看左侧后视镜的盲区。

❷ 超车时机选择不合理，影响其他车辆正常行驶，不合格。

攻略：前车正在左转弯、掉头、超车、与对面来车有会车可能时，在交叉路口、窄桥、弯道、陡坡、人行横道、市区交通流量大的路段等没有超车条件的情况下都不要超车。超车前或超车后都必须保持足够的安全距离，速度越快，安全距离就要越大。

❸ 超车时未与被超越车辆保持安全距离，不合格。

攻略：保持足够的纵向和横向安全距离。

❹ 超车后急转向驶回本车道，妨碍被超车辆正常行驶，不合格。

攻略：超出足够的安全距离后再驶回本车道，速度越快，安全距离就要越大。

❺ 从右侧超车，不合格。

攻略：从左侧超车。

❻ 当后车发出超车信号时，具备让车条件不减速靠右让行，扣10分。

攻略：减速靠右让行。

9.靠边停车考试攻略

❶ 停车前，不通过内、外后视镜观察后方和右侧交通情况，不合格。

攻略：通过内、右后视镜观察后方和右侧交通情况，还要用眼直接看右侧后视镜的盲区。

❷ 停车后，车身超过道路右侧边缘线或者人行道边缘，不合格。

攻略：车身右侧不要超过道路右侧边缘线或者人行道边缘。

❸ 停车后，在车内开门前不侧头观察侧后方和左侧交通情况，不合格。

攻略：先通过看左后视镜并向左转头直接目视左侧，确认侧后方和左侧安全后，开车门到能伸出头的程度停止开门，伸出头直接看后方，确认安全后再继续开门。

❹ 停车后，车身距离道路右侧边缘线或者人行道边缘大于30厘米，扣20分。

攻略：停车后，让车身右侧距离道路右侧边缘线或者人行道边缘在30厘米以内。

❺ 停车后，未拉紧驻车制动器，扣20分。

攻略：车停稳后，第一件事是拉紧驻车制动器。

⑥ 拉紧驻车制动器前放松行车制动踏板，扣10分。

攻略：先拉紧驻车制动器，挂空挡，再松离合器，最后放松行车制动踏板。

⑦ 下车后不关车门，扣10分。

攻略：牢记下车后要关车门。

⑧ 下车前不将发动机熄火，扣5分。

攻略：下车前将发动机熄火，如果是换人考试，不必熄火。

⑨ 夜间在路边临时停车不关闭前照灯或不开启警示灯，扣5分。

攻略：关闭前照灯、开启警示灯（同时让左、右转向灯闪烁）。

10.掉头考试攻略

① 不能正确观察交通情况选择掉头时机，不合格。

攻略：观察两侧，其他车辆车距远，车速较慢，已经看到你示意掉头，并减速避让，可以掉头。

② 掉头地点选择不当，不合格。

攻略：选择宽阔、车少、人稀的地段，准许掉头的路口等地方。

③ 掉头时，妨碍正常行驶的其他车辆和行人通行，不合格。

攻略：注意其他车辆和行人的动态，不妨碍他们正常通行时再掉头。

掉头线路的选择

有非机动车道比较宽阔的道路，可借非机动车道一次完成掉头。借用非机动车道时可开启右转向灯示意，借道完成后，再换成左转向灯，如图4-9和图4-10所示。

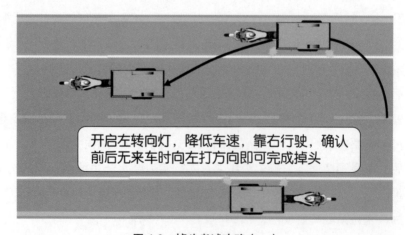

开启左转向灯，降低车速，靠右行驶，确认前后无来车时向左打方向即可完成掉头

图4-9 掉头考试攻略（一）

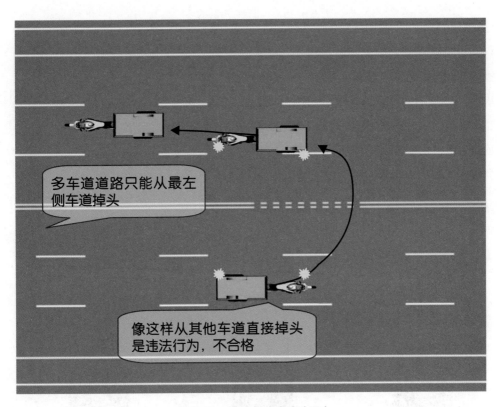

图 4-10　掉头考试攻略（二）

11. 夜间行驶考试攻略

❶ 不能正确开启灯光，不合格。

攻略：夜间没有路灯、照明不良时，开启前照灯、示廓灯和后位灯，但同方向行驶的后车与前车近距离行驶时，不得使用远光灯。起步用近光灯。速度大于30千米/小时时，改用远光灯。

❷ 同方向近距离跟车行驶时，使用远光灯，不合格。

攻略：用近光灯。

❸ 通过急弯、坡路、拱桥、人行横道或者没有交通信号灯控制的路口时，不交替使用远、近光灯示意，不合格。

攻略：交替使用远、近光灯示意。

❹ 会车时不按规定使用灯光，不合格。

攻略：夜间会车应当在距相对方向来车150米以外改用近光灯，在窄路、窄桥与非机动车会车时应当使用近光灯。

❺ 在路口转弯时，使用远光灯，不合格。

攻略：开启转向灯，使用近光灯。

❻ 超车时未变换使用远、近光灯提醒被超越车辆，不合格。

攻略：交替使用远、近光灯示意。

❼ 对低能见度道路情况判断差，不合格。

攻略：根据路面阴影的深浅选择路面。阴影深表示坑洼也深，应减速，绕行。

❽ 在有路灯、照明良好的道路上行驶时，使用远光灯，不合格。

攻略：使用近光灯。

看动画视频

看动画视频

看动画视频

看动画视频

看动画视频

城乡道路的特点分别如图5-1和图5-2所示。

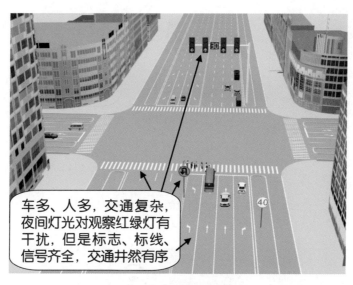

图 5-1　城市道路的特点

图 5-2　乡村道路的特点

1.汇入交通流方法和技巧

　　这里以出车站或出小区为例，说明汇入交通流的方法和技巧，如图5-3 ~ 图5-7所示。

图 5-3　汇入交通流的方法和技巧（一）

图 5-4　汇入交通流的方法和技巧（二）

图 5-5 汇入交通流的方法和技巧（三）

图 5-6 汇入交通流的方法和技巧（四）

图 5-7　汇入交通流的方法和技巧（五）

2.控制车速方法和技巧

如图5-8所示，调整车速范围不大时，只需通过控制油门来完成；速度改变较大时应换挡。

图 5-8　控制车速的方法和技巧（一）

一般情况下控制车速的方法：在城市拥挤的道路上，如果不能保证正常行驶速度下的跟车距离或者是其他车辆加塞时，一定要减速行驶，直到能够保证充足的刹车距离时再停止减速，这样可以避免遇到突发情况时措手不及的现象发生，如图5-9和图5-10所示。

图 5-9　控制车速的方法和技巧（二）

图 5-10　控制车速的方法和技巧（三）

行车中使用制动器的注意事项。

❶ 要前后制动同时使用。

❷ 要避免紧急制动。紧急制动易造成后车追尾，可能引起连锁反应导致塞车。路滑、高速行驶（速度在60千米/小时左右及以上）时还易引起侧滑或甩尾，所以要提前做好预防，应避免紧急制动。

🛞 避免急刹车的方法

准确观察并预见交通流下一时刻的状态，提前做好思想准备（不是提前做动作），该慢的时候一定要慢，该快的时候一定要快。根据道路状况（交通流的状况、路面摩擦力等）保持相应的安全跟车距离，可以最大限度地避免急刹车。比如过路口前，要提前减速并观察其他交通参与者的行驶动态，有盲区时应想到可能有人或车或其他物体出现。雨、雪天适当增加跟车距离，一定要慢行，从而给刹车或避让留下充足的时间或空间，这样遇情况时自然就会从容不迫了。

👤 请牢记

遇紧急情况时应先制动，然后打方向（躲避），速度不能降很低躲避时只能稍微动一点点方向，也就是几乎不动方向就可以躲过去，但稍微动多一点就可能侧滑翻车，造成严重的事故。速度很快的时候可能只动一点点方向，车到障碍物时横向就能移动2米左右的距离，但车的行驶轨迹还是直线，基本都能躲过障碍物，不至于侧滑或者翻车。

❸ 进入弯道前要提前制动，使车速降至安全速度以下，不要在转弯时制动，以免发生侧滑驾出路面，必须制动时只能轻踩制动踏板或使用点刹。

❹ 除急刹车外平时也要注意练习踩刹车的力度。理想的刹车力度是由轻变重，然后由重变轻，反复进行，到达目标前逐渐减轻踩踏，待车辆停止的瞬间，让刹车力度刚好变为零，停的瞬间再立即踩下。上、下坡停车应在车辆停稳的瞬间立即踩死刹车。

3.跟车方法和技巧

跟车方法和技巧如图5-11 ～图5-23所示。

图 5-11　跟车方法和技巧（一）

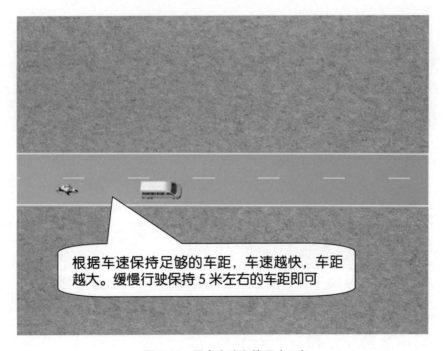

图 5-12　跟车方法和技巧（二）

图 5-13　跟车方法和技巧（三）

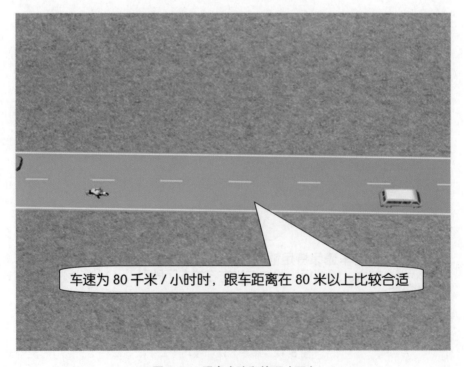

图 5-14　跟车方法和技巧（四）

图 5-15　跟车方法和技巧（五）

图 5-16　跟车方法和技巧（六）

图 5-17　跟车方法和技巧（七）

图 5-18　跟车方法和技巧（八）

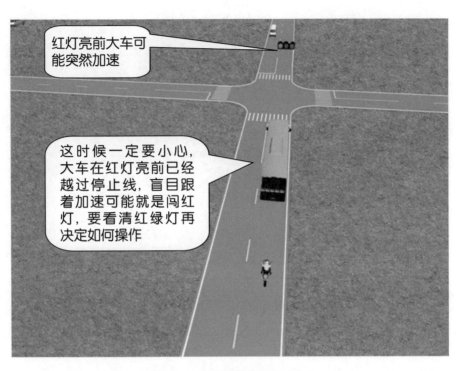

图 5-19　跟车方法和技巧（九）

图 5-20　跟车方法和技巧（十）

图 5-21　跟车方法和技巧（十一）

图 5-22　跟车方法和技巧（十二）

图 5-23　跟车方法和技巧（十三）

4. 会车方法和技巧

会车方法和技巧如图 5-24 ~ 图 5-29 所示。

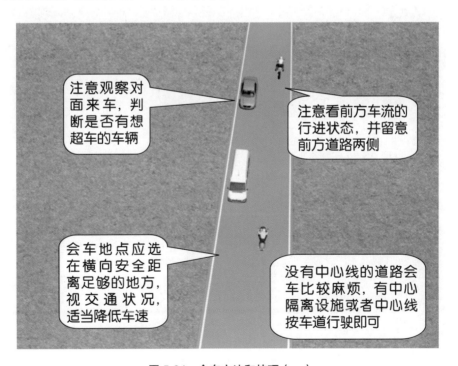

图 5-24　会车方法和技巧（一）

图 5-25　会车方法和技巧（二）

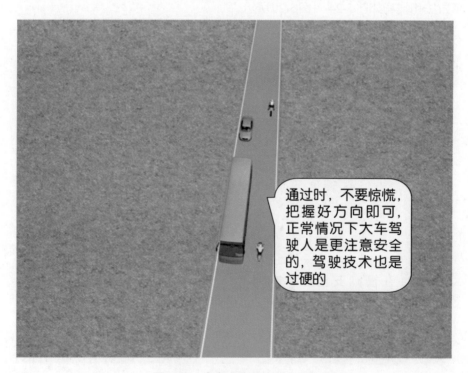

图 5-26　会车方法和技巧（三）

图 5-27 会车方法和技巧（四）

图 5-28 会车方法和技巧（五）

会车中不能只顾左侧，更要仔细观察右侧，以确保右侧安全

图 5-29　会车方法和技巧（六）

5. 超车与让超车方法和技巧

 超车条件

应在道路宽阔、视线良好，左方车道150米以上没有来车，被超车辆车速不快，行驶正常的情况下进行。据专家测试，超车时与对面来车的安全距离近似取为：超车时车速值的6倍以上。如超车车速为50千米/小时，与对面来车的安全距离取为300米以上。

温馨提示

雨雾或大风天气，视线不清，拖拉损坏的车辆时，不要超车。强行超越或超车方法不当，会发生事故。

超车方法和技巧如图5-30 ～图5-32所示。

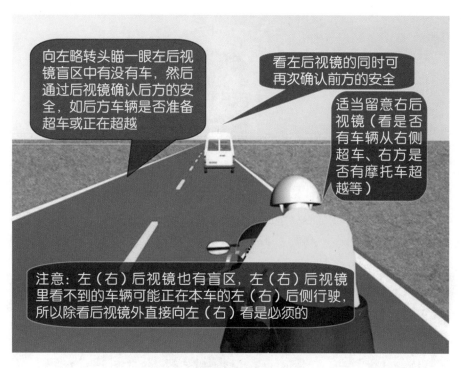

图 5-30 超车方法和技巧（一）

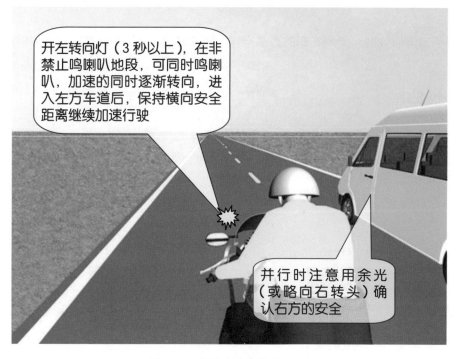

图 5-31 超车方法和技巧（二）

图 5-32　超车方法和技巧（三）

避开前方障碍物时可参照超车的方法操作。超车注意事项如图 5-33 ～ 图 5-38 所示。

 小知识

车距越大，后视镜中的车影越小，看后视镜中车影的大小可间接判断车距。平时驾车时可以路边的电线杆确定车距，然后看后视镜中对应车影的大小。

看动画视频

看动画视频

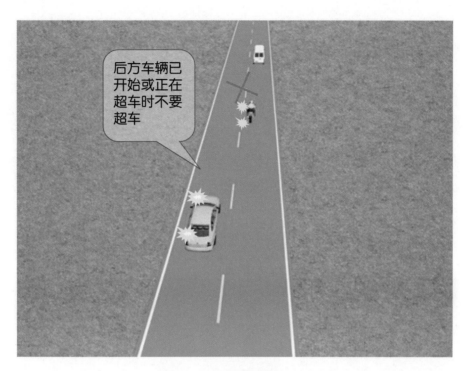

图 5-33　超车注意事项（一）

图 5-34　超车注意事项（二）

图 5-35 超车注意事项（三）

图 5-36 超车注意事项（四）

图 5-37　超车注意事项（五）

图 5-38　超车注意事项（六）

注意

不得超越执行紧急任务的警车、消防车、救护车、工程救险车；行经铁路道口、交叉路口、窄桥、弯道、陡坡、隧道、人行横道、市区交通流量大的路段等没有超车条件的路段不得超车。

让超车注意事项如图5-39 ~ 图5-43所示。

扫一扫

看动画视频

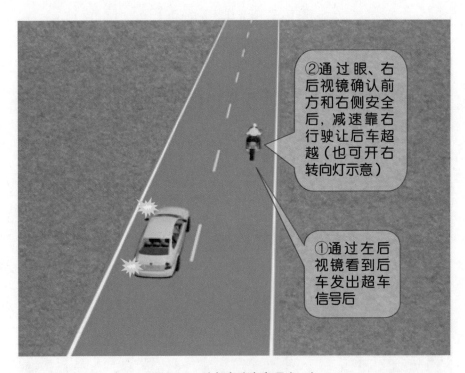

图5-39　让超车注意事项（一）

图 5-40 让超车注意事项（二）

图 5-41 让超车注意事项（三）

图 5-42　让超车注意事项（四）

图 5-43　让超车注意事项（五）

6.变道（并线）方法和技巧

变道（并线）方法和技巧如图5-44～图5-47所示。

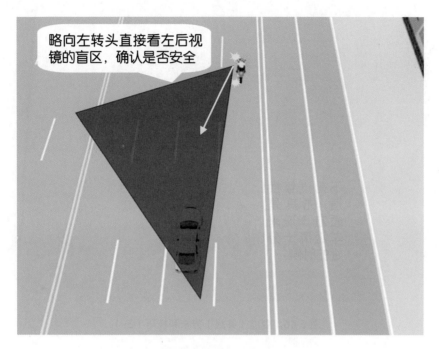

图5-44　变道（并线）方法和技巧（一）

图5-45　变道（并线）方法和技巧（二）

图 5-46　变道（并线）方法和技巧（三）

图 5-47　变道（并线）方法和技巧（四）

7.直行方法和技巧

直行的方法和技巧如图5-48 ～图5-50所示。

图 5-48　直行的方法和技巧（一）

图 5-49　直行的方法和技巧（二）

图 5-50　直行的方法和技巧（三）

8. 右转弯方法和技巧

如果有车道信号灯，则应按车道信号灯的控制进行右转。没有车道信号灯控制的路口，绿灯、红灯亮时都可以右转弯。

❶ 绿灯亮时的右转方法和技巧如图 5-51 和图 5-52 所示。

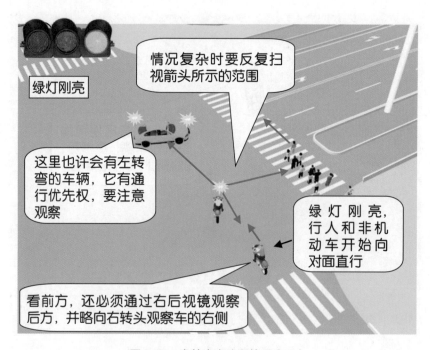

图 5-51　右转弯方法和技巧（一）

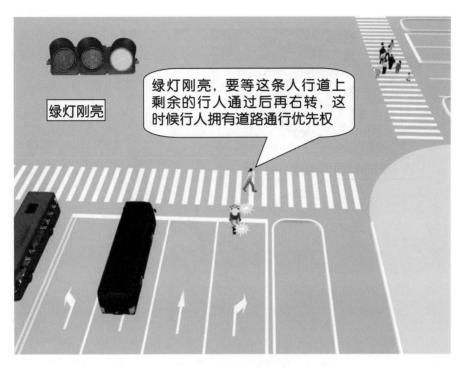

图 5-52　右转弯方法和技巧（二）

❷ 红灯亮时的右转方法和技巧如图5-53 ～图5-55所示。

图 5-53　右转弯方法和技巧（三）

图 5-54 右转弯方法和技巧（四）

图 5-55 右转弯方法和技巧（五）

9.左转弯方法和技巧

❶ 无论有没有车道信号灯的控制，只有绿灯亮时才能左转弯，如图5-56 ~ 图5-62所示。

图 5-56 左转弯方法和技巧（一）

图 5-57 左转弯方法和技巧（二）

图 5-58　左转弯方法和技巧（三）

图 5-59　左转弯方法和技巧（四）

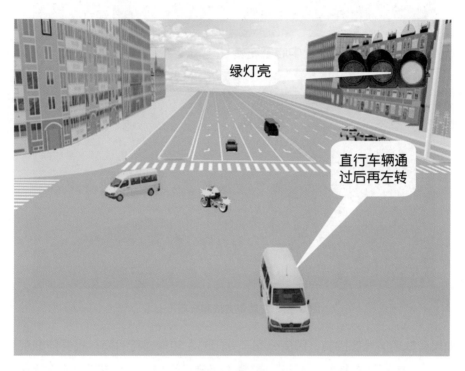

图 5-60　左转弯方法和技巧（五）

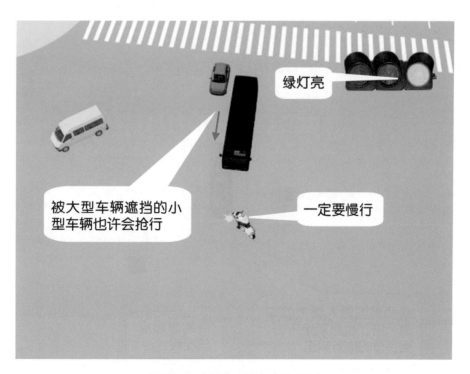

图 5-61　左转弯方法和技巧（六）

图 5-62　左转弯方法和技巧（七）

❷ 如果有车道信号等控制，即使分配了专门的左转弯通行时间，也要仔细观察，不要因"其他方向一定不会有其他人通过"的想法而疏于观察，一旦有违法车辆和行人通过，可能会酿成恶果。

10. 通过有信号灯控制的交叉路口方法和技巧

❶ 通过有信号灯控制的交叉路口的方法和技巧如图 5-63 ～图 5-65 所示。

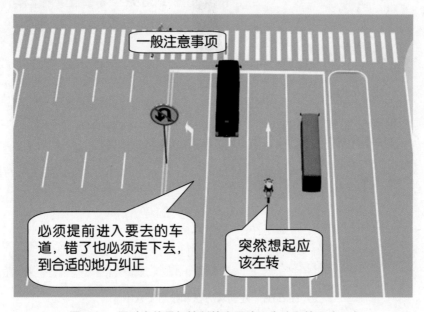

图 5-63　通过有信号灯控制的交叉路口方法和技巧（一）

图 5-64　通过有信号灯控制的交叉路口方法和技巧（二）

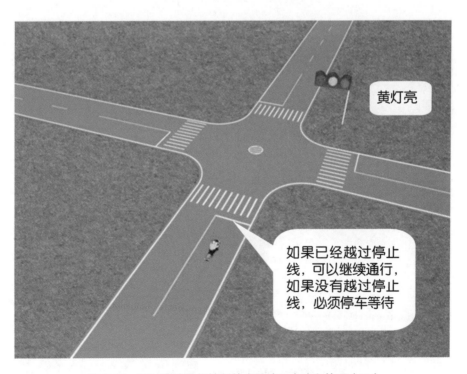

图 5-65　通过有信号灯控制的交叉路口方法和技巧（三）

❷ 过路口需要注意的一些问题如图5-66 ~图5-68所示。

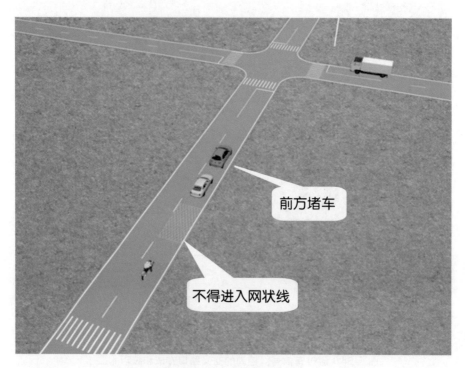

图 5-66　过路口注意事项（一）

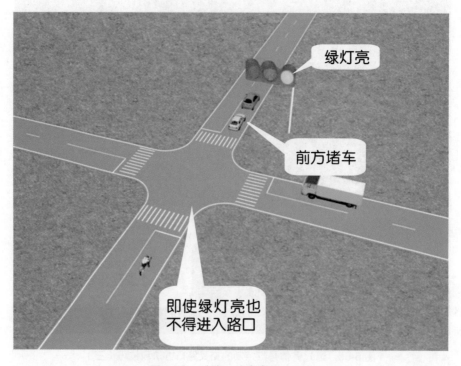

图 5-67　过路口注意事项（二）

图 5-68　过路口注意事项（三）

❸ 过路口预测信号灯的方法和技巧如图5-69 ~ 图5-71所示。

图 5-69　过路口预测信号灯方法和技巧（一）

图 5-70 过路口预测信号灯方法和技巧（二）

图 5-71 过路口预测信号灯方法和技巧（三）

11.通过无信号灯控制的交叉路口方法和技巧

通过无信号灯控制的交叉路口的方法和技巧如图5-72和图5-73所示。

图 5-72 通过无信号灯控制的交叉路口方法和技巧（一）

图 5-73 通过无信号灯控制的交叉路口方法和技巧（二）

12. 三轮摩托车转弯倒车方法和技巧

如图5-74所示，把握好合适的纵向和横向距离后，轮番看着左右后视镜和车斗的两个后角向右转车把就可以顺利倒入路口。纵向和横向距离可以适当留些余量（比一起步就转死车把成功倒入的纵向和横向距离稍微大些），方向不合适时可以有充足的时间去调整。倒车时注意不要碰上树木、电线杆等物体。由于后方盲区大，必须缓行，离目标越近，就要越慢。

倒车失败的几种原因如图5-75 ～ 图5-78所示。

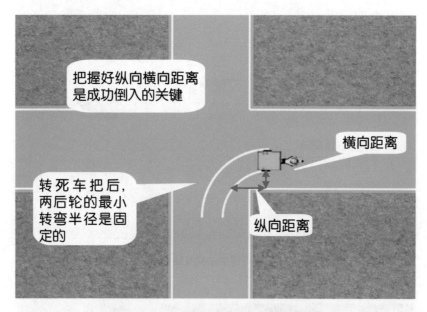

图 5-74　三轮摩托车转弯倒车方法和技巧

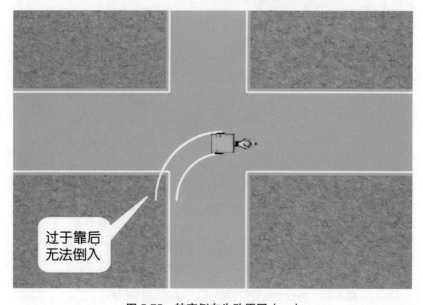

图 5-75　转弯倒车失败原因（一）

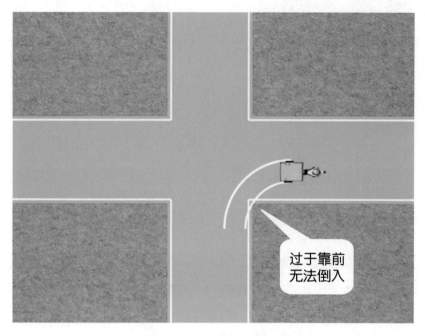

图 5-76 转弯倒车失败原因（二）

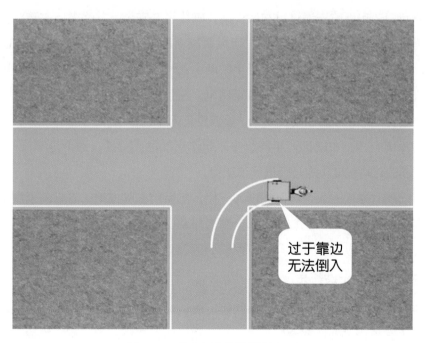

图 5-77 转弯倒车失败原因（三）

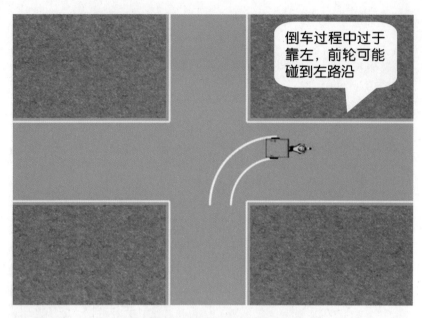

图 5-78　转弯倒车失败原因（四）

13. 坡道起步（上下坡起步）方法和技巧

（1）二轮摩托车上坡起步

开左转向灯，起步前先通过看左后视镜，确认后方安全，并略微向左转头，看左后视镜盲区中是否有车辆。确认安全后，左手握紧离合器，右手握紧刹车，双脚在地面撑稳，防止后溜，挂入一挡，左手松离合器至半联动，此时发动机转速下降，车身抖动，稳住离合器（一旦有熄火征兆，右手应立即握紧刹车，左手握紧离合器，然后重新起步。如果熄火，双脚一定要撑稳，然后启动发动机，重新进行起步操作），右手松开刹车，接着边缓慢加油门，边松离合器，车辆即可平稳起步。起步后加油门提速，速度足够快时换入二挡，然后根据坡道的陡峭程度决定是否进一步加挡。

双脚不能同时撑地的人，可以先挂入一挡，然后用左脚撑地，右脚踩紧刹车，左手松离合器至半联动，此时发动机转速下降，车身抖动，稳住离合器，右脚松开刹车撑地，左手边松离合器，右手边缓慢加油门，车辆即可平稳起步。

（2）三轮摩托车上坡起步

开左转向灯，起步前先通过看左后视镜，确认后方安全，并略微向左转头，看左后视镜盲区中是否有车辆，确认安全后，左手握紧离合器，右脚踩紧刹车，松掉手刹，挂入一挡，左手松离合器至半联动，此时发动机转速下降，车身抖动，稳住离合器（一旦有熄火征兆，右脚应立踩死紧刹车，左手握紧离合器，然后重新起步。如果熄火，右脚立即踩死刹车，然后启动发动机，重新进行起步操作），右脚边松开刹车，右手边缓慢加油门，左手边松离合器，车辆即可平稳起步。起步后加油门提速，速度足够快时换入二挡，然后根据坡道的陡峭程度决定是否进一步加挡。

（3）下坡起步

下坡起步按平路起步的操作顺序进行。操作顺序：开左转向灯；左手握紧离合器；挂一挡；确认右侧和右后方安全；松离合器至半联动，根据坡度，不加油或适当加油；完全松开离合器（三轮摩托车松开手刹）；起步后关左转向灯。

下坡时，车辆有下滑的趋势，所以下坡起步时应注意以下事项。

❶ 视坡度的大小，挂入合适的挡位进行起步，坡度小时挂低速挡，坡度大时挂中速挡，严禁空挡滑车起步。

❷ 下坡起步时，松开刹车后车辆就会下溜而自动起步，所以松离合器可稍快且平稳，油门不可太大，有时可以不加油。

❸ 如需控制车速，可适当踩制动踏板。如果需要以很慢的速度行车，可握紧离合器，只用行车制动器控制行车速度，这时候半联动无法实现很慢速度的控制，快到坡底时再慢慢放松离合器至半联动，然后视车速减轻踩制动踏板的力量，到平路上再彻底松开制动踏板，靠半联动控制行车速度。

❹ 下陡坡时，不加油发动机转速也会迅速提高，此时必须用低挡行驶，并利用刹车控制车速。绝对不可用高速挡行驶的同时长时间用刹车控制车速，这样会导致刹车性能下降，甚至失灵。

（4）坡道行车注意事项

❶ 在坡道转弯处要减速、鸣喇叭，靠右行驶。

❷ 下坡不能熄火或空挡滑行。

❸ 不要跟车太近。上坡时跟车距离要适当加大，下坡应更大些。

❹ 在下坡路的尽头如有桥梁，应提前降低车速，平稳通过。

14. 坡道换挡（上下坡加减挡）方法和技巧

坡道换挡操作与平路换挡操作步骤一样，只是在换挡时机的把握、机件操作与配合、换挡速度上要求更高而已，所以最好在平路换挡熟练的基础上进行这些训练。尽量不要在坡道上换挡，尤其是不熟练时。

（1）上坡加挡

实际驾驶中要尽量避免上坡时换挡，应提前换好。这里主要用于训练。

对于不陡的坡，如果动力充足可以加挡。上坡加挡除了按一般的加挡要领操作外，要特别注意以下几点。

❶ 上坡阻力大，冲车要比平路大，加挡应尽量选择坡中平缓地段进行。

❷ 冲车要适当，换挡要快。若换挡动作慢，会造成加挡后动力损失多，换入新挡位将无法继续行驶。

❸ 挂挡后，离合器应迅速松至半联动位置，随即加油，然后慢松离合器，使车辆平稳上坡。

（2）上坡减挡

上坡前，视交通道路情况，应提前加速冲车。当感觉动力不足时，必须提前换入低一级挡位。上坡减挡应注意以下事项。

❶ 换挡时机要准确。上坡减挡时机过早，会造成动力浪费，过晚会造成动力不足，甚至需要停车重新起步。可通过"听"和"看"来确定：当听到发动机声音变低沉，车速迅速减慢时，表明动力不足，应及时减挡。遇有陡坡或满员上坡，减挡时机要提前，稍感动力不足，就应减挡，宁早勿晚。

❷ 松离合器和挂入低一级挡位的两个动作，要迅速准确。

（3）下坡加挡

下坡加挡除按一般的加挡要领操作外，要特别注意以下几点。

❶ 冲车要小。下坡加挡冲车要小于平路，较陡的坡路不需冲车，为防止松开离合器踏板后车速过快而不易操作，必要时还要稍踩制动踏板。

❷ 动作要快、准。

（4）下坡减挡

下坡时，如果道路情况复杂，应用低速挡行驶。

操作要领：右脚踩下制动踏板，使车速逐渐降低到低一级挡位所需行驶速度的最低值，然后握紧离合器，迅速挂入低一级挡位，最后根据道路、交通情况松开离合器或同时踩制动踏板。

当坡道短而不陡，路面又平坦时，应利用惯性冲上去，但时速一般不要超过50千米，将要驶到坡顶时要减速，靠右侧、鸣喇叭，夜间要用灯光示意来车，以免与来车相撞。

15.坡道停车（上下坡停车）方法和技巧

（1）上坡停车

上坡停车操作要领与平路停车基本一样，但应注意：车速较快时，可在松开油门后，先握紧离合器，待车将要停下时，握紧前制动同时踩下制动踏板将车停住。拉紧手刹（三轮摩托车）后挂空挡，慢慢放松制动前后刹车，如果松开刹车时车辆有向后溜的现象，应马上再使用前后制动，重新拉紧手刹后，挂空挡，再慢慢松开前后制动。

二轮摩托车车头一定要朝着上坡方向停，并使用主停车架停车。

如果车速较慢，应在使用前后制动的同时，拉紧手刹（三轮摩托车），挂空挡，以防车辆后溜。

（2）下坡停车

下坡停车时，先适当使用前后制动使车速减慢，车将停下时再握紧离合器，并继续使用前后制动使车停住，再拉紧手刹（三轮摩托车），挂空挡。

特别注意

一般情况下是不允许将车辆停在坡道上的，如果确实要在坡道上停车，而且时间较长，应在发动机熄火后，将变速杆挂入低速挡（上坡停车）或倒挡（下坡停车），还应用三角木或石块等塞在后车轮的后面（上坡停车）或前面（下坡停车）。以防手制动（三轮摩托车）未到位或失灵造成事故。

16. 三轮摩托车坡道倒车（沿上下坡方向倒车）方法和技巧

（1）沿上坡方向倒车

沿上坡方向倒车的方法与上坡起步的操作方法类似，不同之处是这里需要挂倒挡。

（2）沿下坡方向倒车

沿下坡方向倒车，需要挂倒挡。松开制动后车辆会向后溜滑，起步一般不需要加油。可先踩下制动踏板，然后放松手刹，接着松离合器至半联动，根据坡度大小松抬制动器踏板，起步后完全松开离合器，同时利用前后制动器控制倒车速度。也可采用松离合器的同时松手刹的方法起步，起步后再利用前后制动器控制倒车速度。倒至预定位置后，在使用前后制动器踏板的同时，踩下离合器踏板，即可使车辆平稳停住，拉紧手刹，挂空挡。如果车轮刚好处于坡道的洼坑处，不加油无法起步时，可采用坡道起步的方法起步，起步后一旦驶出洼坑，右脚应迅速松开油门并使用前后制动器以控制倒车速度。

如果需要以很慢的速度倒车，可握紧离合器，只用前后制动控制倒车速度。

17.弯道通行方法和技巧

转弯时速度过快会导致侧滑，甚至是翻车事故。大型车辆轮差大，所以不能和大型车辆并行，尤其是转弯的时候。

转弯要防止翻车。转弯时要根据弯曲程度、装载物重心的高低确定行驶速度，必须低速行驶，速度不能大于转弯时的最大安全速度。对于十字路口上的弯，一般来说速度不要超过20千米/小时。如果是设计成有倾斜度的弯道，转弯时速度应低于限速规定的速度，满载时应更低。如果装载的是液体（水、油、农用液体等）速度要更低，以免转弯时因重心升高而导致翻车事故，还有可能发生撞击、压住非机动车、行人等事故。弯道处超速可能会冲出路面，撞击护栏、树木、墙壁等，后果不堪设想。

弯道通行特别注意事项如图5-79所示。

图 5-79　弯道通行特别注意事项

18.狭窄路口通行方法和技巧

通过狭窄路口的注意事项如图5-80 ～ 图5-87所示。

图 5-80　通过狭窄路口注意事项（一）

图 5-81　通过狭窄路口注意事项（二）

扫一扫

看动画视频

图 5-82　通过狭窄路口注意事项（三）

图 5-83　通过狭窄路口注意事项（四）

图 5-84 通过狭窄路口注意事项（五）

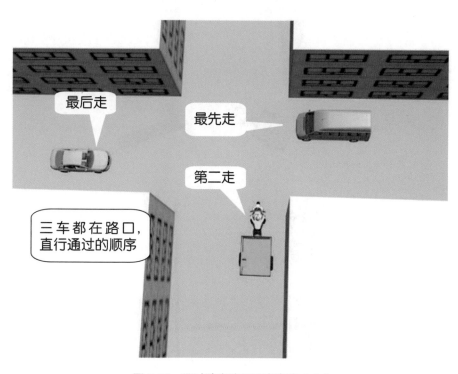

图 5-85 通过狭窄路口注意事项（六）

图 5-86 通过狭窄路口注意事项（七）

图 5-87 通过狭窄路口注意事项（八）

19. 环岛通行方法和技巧

不同形式的环岛如图 5-88 ~ 图 5-91 所示。

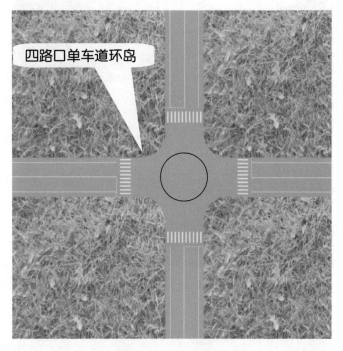

图 5-88　环岛形式（一）

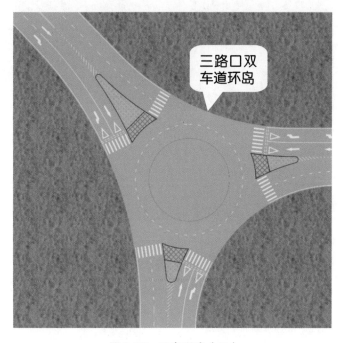

图 5-89　环岛形式（二）

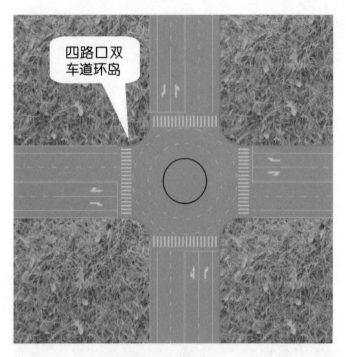

图 5-90　环岛形式（三）

图 5-91　环岛形式（四）

入环岛的车辆要让环岛内的车辆先行。

转向灯的使用：右转弯时，右灯进、右灯出；其他路口则是左灯进、右灯出。

对于双车道环岛：小车可以直接进入内侧车道。

这里介绍驶向右转以外的路口的通行方法和技巧，如图5-92 ~ 图5-98所示。

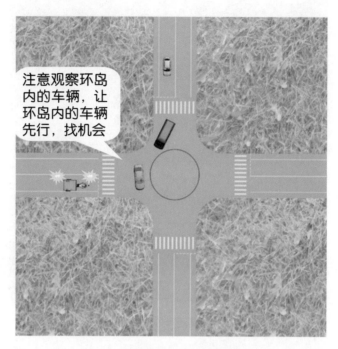

图 5-92 环岛通行方法和技巧（一）

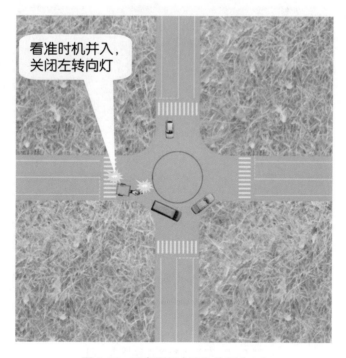

图 5-93 环岛通行方法和技巧（二）

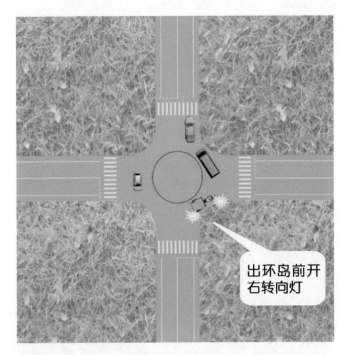

图 5-94 环岛通行方法和技巧（三）

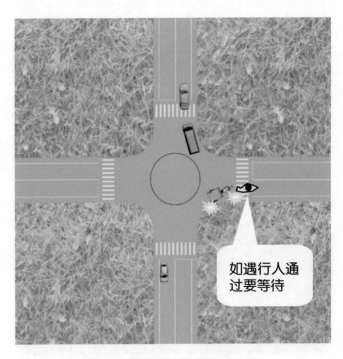

图 5-95 环岛通行方法和技巧（四）

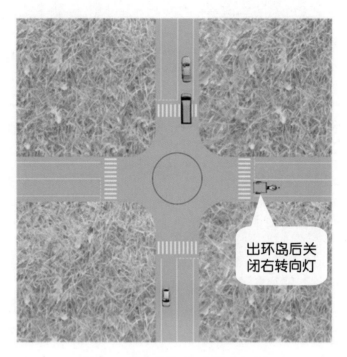

图 5-96 环岛通行方法和技巧（五）

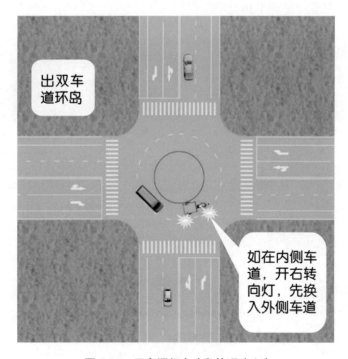

图 5-97 环岛通行方法和技巧（六）

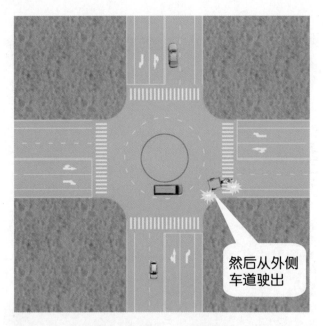

图 5-98 环岛通行方法和技巧（七）

20.立交桥通行方法和技巧

常见的立交桥及通行方法如图 5-99 ~ 图 5-101 所示。

立交桥通行注意事项如图 5-102 所示。

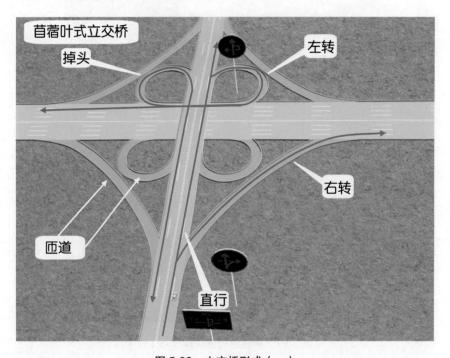

图 5-99 立交桥形式（一）

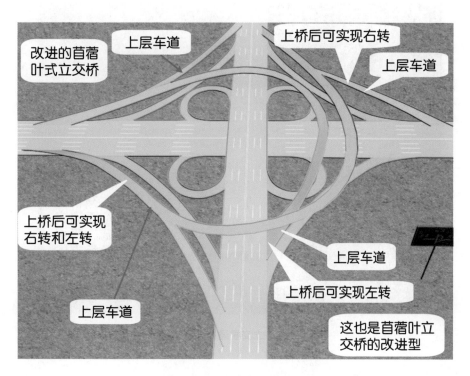

图 5-100 立交桥形式（二）

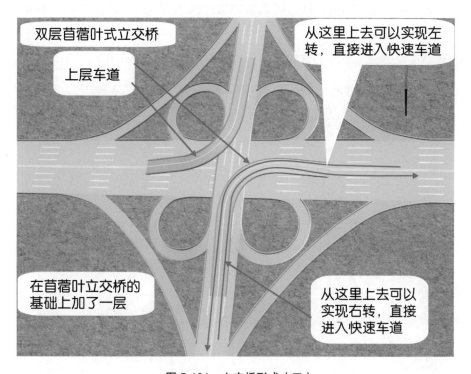

图 5-101 立交桥形式（三）

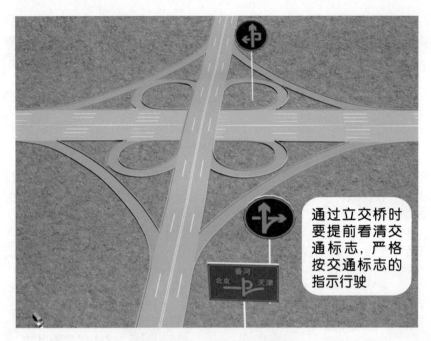

图 5-102　立交桥通行注意事项

21. 匝道行驶方法和技巧

进出立交桥或高速公路需要通过匝道来完成，为了安全，进出匝道前要开转向灯3秒以上。

❶ 右转弯由匝道进入主路的方法和技巧如图5-103 ～图5-106所示。

图 5-103　匝道行驶方法和技巧（一）

图 5-104　匝道行驶方法和技巧（二）

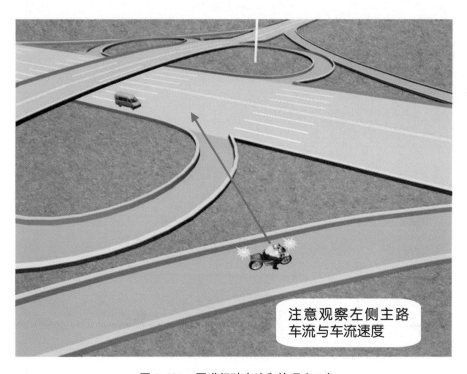

图 5-105　匝道行驶方法和技巧（三）

图 5-106　匝道行驶方法和技巧（四）

❷ 右转弯由匝道驶出主路的方法和技巧如图5-107 ～图5-113所示。

图 5-107　匝道行驶方法和技巧（五）

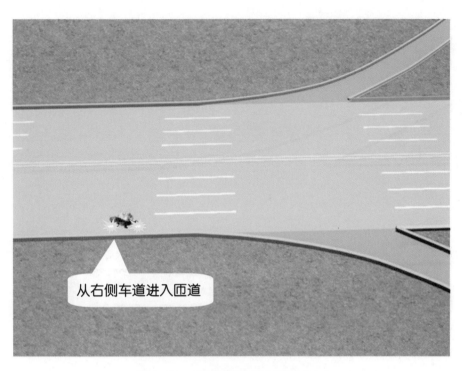

图 5-108　匝道行驶方法和技巧（六）

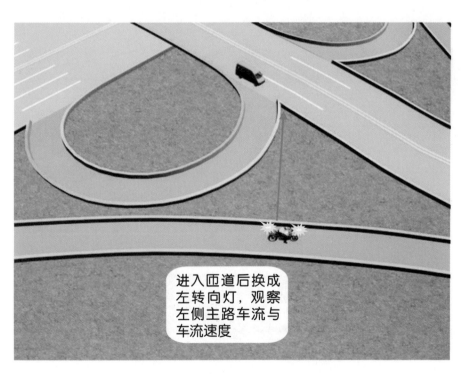

图 5-109　匝道行驶方法和技巧（七）

图 5-110　匝道行驶方法和技巧（八）

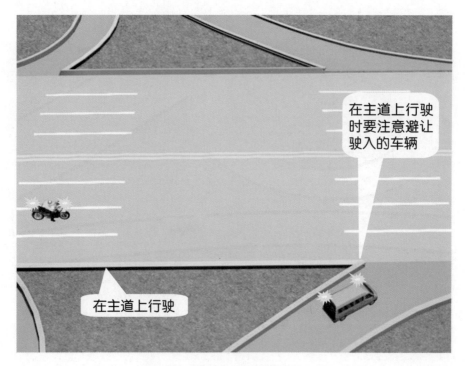

图 5-111　匝道行驶方法和技巧（九）

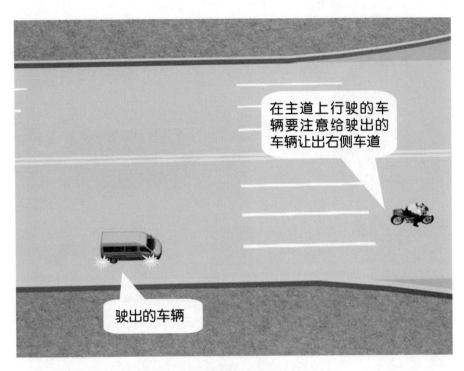

图 5-112 匝道行驶方法和技巧（十）

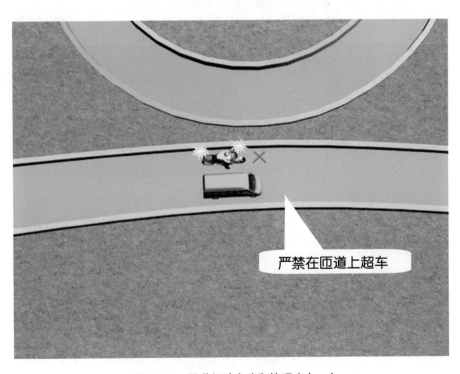

图 5-113 匝道行驶方法和技巧（十一）

❸ 通过带引入引出车道的匝道，除在引导车道上的驾驶有差别外，其他路段的驾驶注意事项与前面所述一样。驶入引导车道的驾驶方法和技巧如图5-114～图5-118所示。

图 5-114 匝道行驶方法和技巧（十二）

图 5-115 匝道行驶方法和技巧（十三）

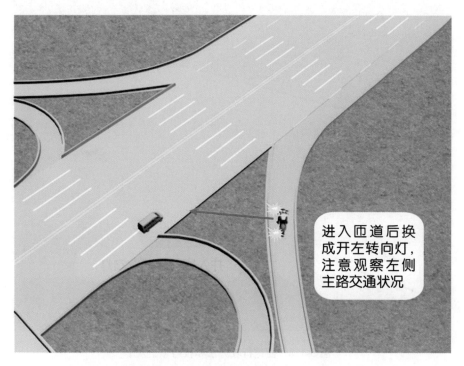

图 5-116　匝道行驶方法和技巧（十四）

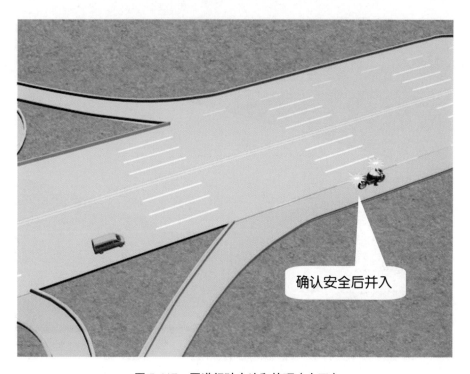

图 5-117　匝道行驶方法和技巧（十五）

图 5-118　匝道行驶方法和技巧（十六）

❹ 驶出引导车道的驾驶方法和技巧如图5-119 ~ 图5-123所示。

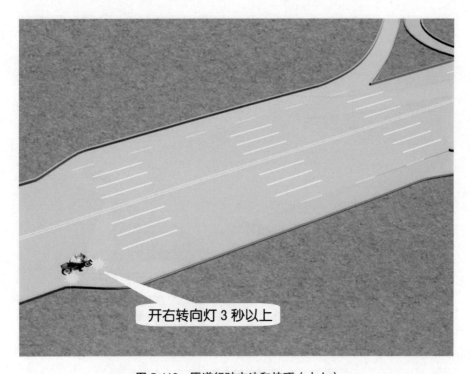

图 5-119　匝道行驶方法和技巧（十七）

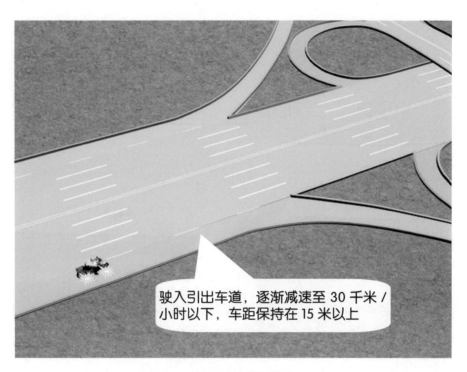

图 5-120　匝道行驶方法和技巧（十八）

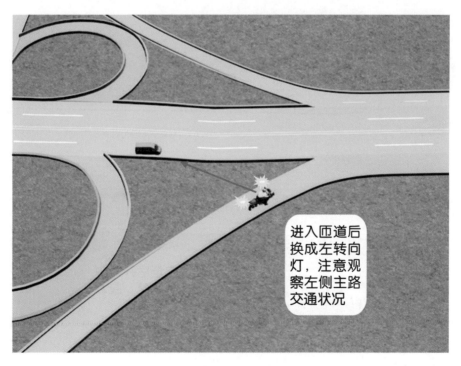

图 5-121　匝道行驶方法和技巧（十九）

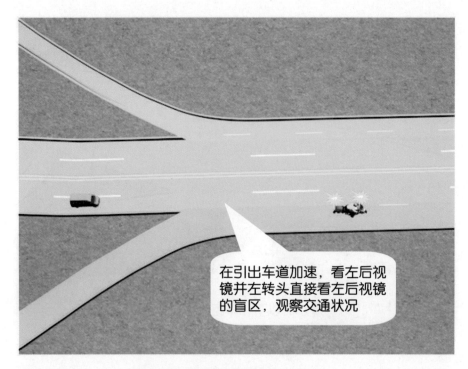

图 5-122 匝道行驶方法和技巧（二十）

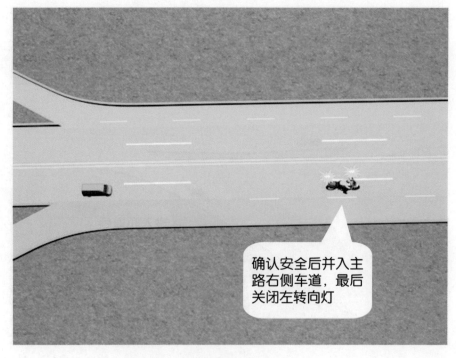

图 5-123 匝道行驶方法和技巧（二十一）

❺ 其他形式的立交桥通行方法大同小异。下面是另外两种立交桥的通行方法。

a.通过部分互通菱形立交桥的方法：通行路线如图5-124所示，除了在虚线处可直接左转弯外，其他部分的通行与通过苜蓿叶式立交桥类似。在这种立交桥上不能实现掉头。

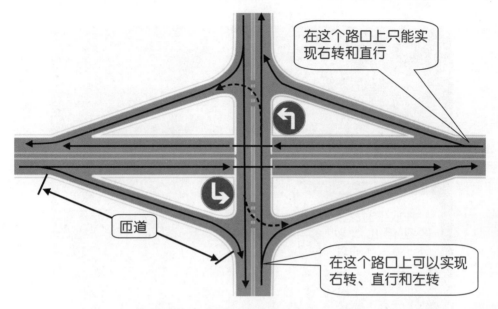

图 5-124　匝道行驶方法和技巧（二十二）

b.通过喇叭形立交桥的方法：通行方法与通过苜蓿叶式立交桥类似，通行路线如图5-125所示。在这种立交桥上不能实现掉头。

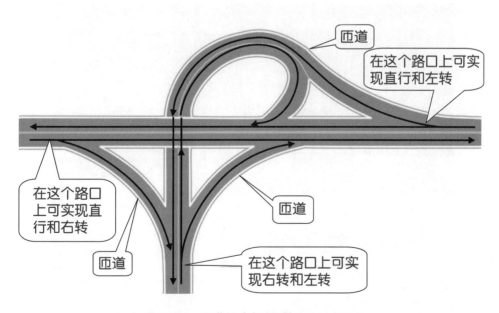

图 5-125　匝道行驶方法和技巧（二十三）

22.铁路道口通行方法和技巧

通过铁路道口要做到：一停，二判，三通过。

❶ 一停：驾驶方法和技巧如图5-126和图5-127所示。

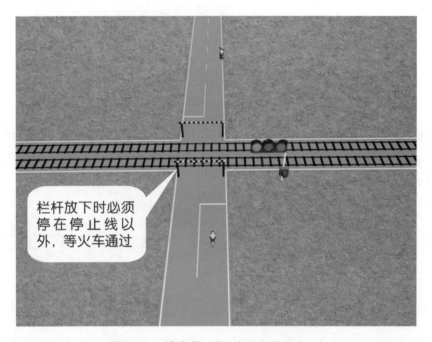

图 5-126　铁路道口通行方法和技巧（一）

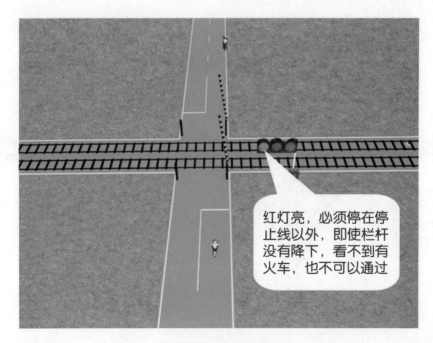

图 5-127　铁路道口通行方法和技巧（二）

❷ 二判：通过眼观耳听判断是否安全。要看清交通标志和信号灯。通过无人值守、无栏杆的铁路道口前，更要提高警惕。

❸ 三通过：驾驶方法和技巧如图5-128 ～图5-130所示。

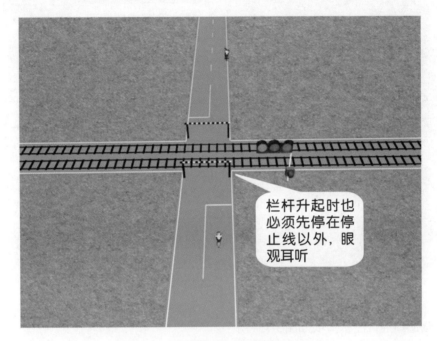

图 5-128　铁路道口通行方法和技巧（三）

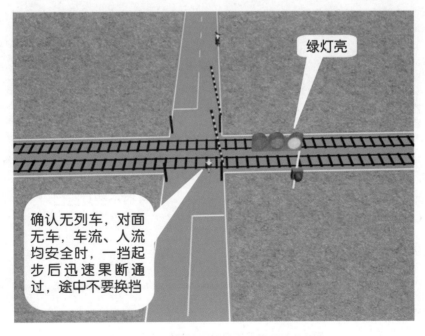

图 5-129　铁路道口通行方法和技巧（四）

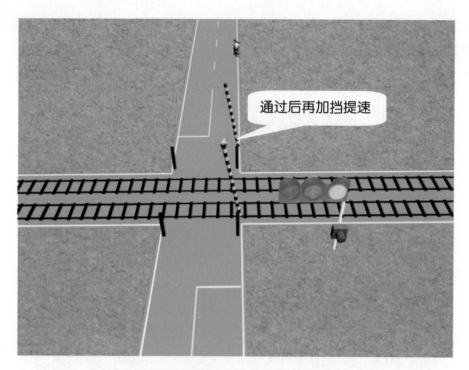

图 5-130 铁路道口通行方法和技巧（五）

❹ 铁路道口通行注意事项如图5-131所示。

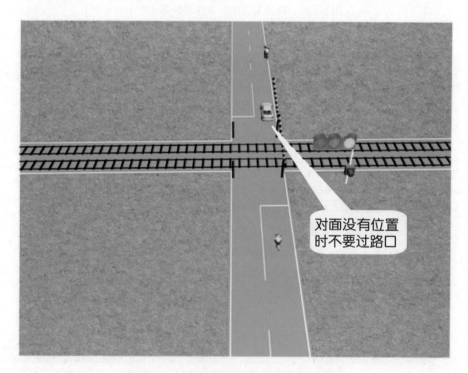

图 5-131 铁路道口通行方法和技巧（六）

⑤ 在铁路道口熄火的急救方法如图5-132和图5-133所示。

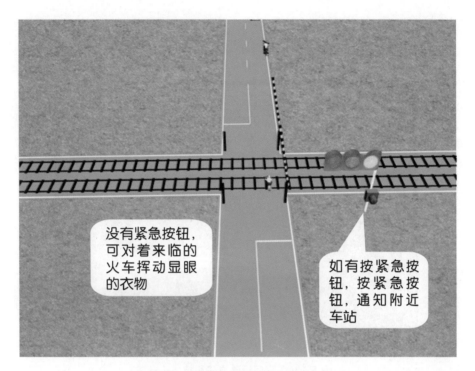

图 5-132　铁路道口通行方法和技巧（七）

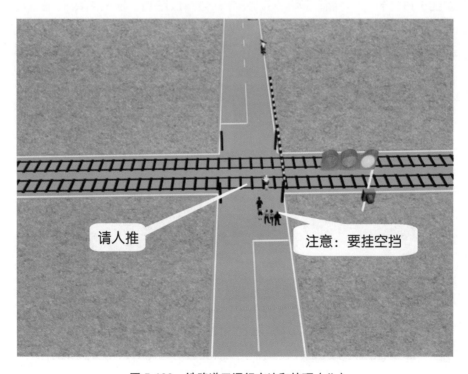

图 5-133　铁路道口通行方法和技巧（八）

23.夜间行驶方法和技巧

❶ 如图5-134所示，拉柴草不开灯的车，从远处看，很容易和路面混淆，但是柴草和路面颜色还是有点区别的，如果发现前方路面颜色有变化，应立即刹车减速。

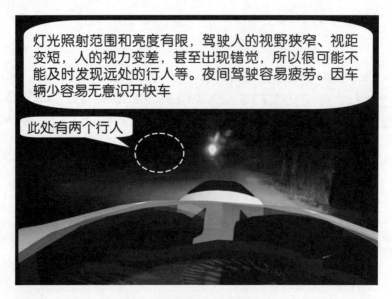

图 5-134　夜间行驶方法和技巧（一）

❷ 如图5-135所示，对面车辆不关远光灯，会造成眩目，应看右侧道路右边线前行，不要看对方车灯，靠右行驶时必须变换远近光等，并刹车减速，注意观察道路右边线的情况，以免撞上右边线附近的行人等。

图 5-135　夜间行驶方法和技巧（二）

❸ 对道路和地形的判断。

a.可根据车速和发动机的声音判断地形。当车速自动减慢、发动机声音变沉闷时，说明行驶阻力增大，正在上坡或驶进松软路面；当车速自动加快、发动机声音变高时，说明行驶阻力减小，已进入正常路面或汽车已经下坡。

b.利用灯光的变化可直观地判断地形。这里通过一段连续转弯坡路时灯光的变化情况，如图5-136～图5-146所示。

图 5-136　夜间行驶方法和技巧（三）

图 5-137　夜间行驶方法和技巧（四）

图 5-138　夜间行驶方法和技巧（五）

图 5-139　夜间行驶方法和技巧（六）

图 5-140　夜间行驶方法和技巧（七）

图 5-141　夜间行驶方法和技巧（八）

图 5-142　夜间行驶方法和技巧（九）

图 5-143　夜间行驶方法和技巧（十）

图 5-144　夜间行驶方法和技巧（十一）

图 5-145　夜间行驶方法和技巧（十二）

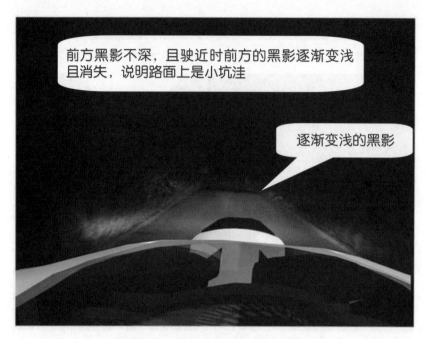

图 5-146　夜间行驶方法和技巧（十三）

❹ 夜间行车还需注意的事项如图 5-147 ~ 图 5-154 所示。

图 5-147　夜间行驶方法和技巧（十四）

图 5-148　夜间行驶方法和技巧（十五）

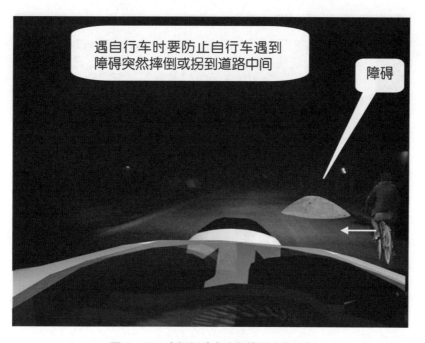

图 5-149　夜间行驶方法和技巧（十六）

图 5-150 夜间行驶方法和技巧（十七）

图 5-151 夜间行驶方法和技巧（十八）

图 5-152　夜间行驶方法和技巧（十九）

图 5-153　夜间行驶方法和技巧（二十）

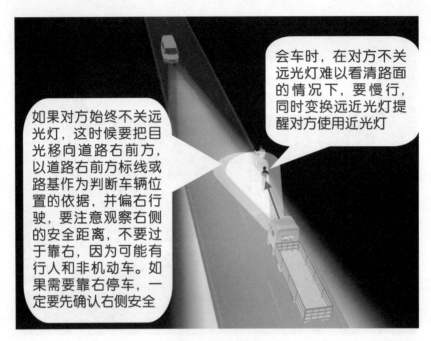

图 5-154　夜间行驶方法和技巧（二十一）

❺ 夜间变更车道、转弯时，贴了车膜的车更不容易看清左右两侧的情况，所以要比白天慢，要更加小心谨慎驾驶才行。夜间超车时要交替变换远近光灯示意。

❻ 在窄桥、窄路与非机动车会车，近距离跟车，通过有交通信号灯控制的交叉路口，转弯时都应使用近光灯，转弯时还应开启转向灯。

❼ 通过急弯、坡路或拱桥、人行横道、没有交通标线和交通信号灯控制的路口、有交通标线但没有交通信号灯控制的路口，要交替变换远近光灯示意。

24.文明礼让通行方法和技巧

堵车时车速慢，走走停停，这时候也不能麻痹大意，尤其是转弯、换车道的时候，不要忘记观察右侧或是左侧。如果不观察，一旦有行人、非机动车、摩托车穿插抢行，很容易发生事故。

（1）避让特种车辆

特种车辆执行任务时一般都会开警报器，必要时还会鸣喇叭。如图 5-155和图 5-156所示。

（2）礼让行人

如图 5-157所示，礼让行人的一般原则如下。

图 5-155　文明礼让通行方法和注意事项（一）

图 5-156　文明礼让通行方法和注意事项（二）

图 5-157 文明礼让通行方法和注意事项（三）

❶ 在市区内行驶时，要降低车速，注意观察，胆大心细，随时准备应对突然出现的行人等。

❷ 在市区内禁止鸣喇叭地段，应降低车速。在其他地段，可适当使用喇叭。

❸ 过积水路面时，要慢行，防止泥水溅到行人身上。

❹ 必须进入人行道时，要慢行，注意观察前方和后视镜。

要慢行、适当鸣喇叭并做好随时停车的准备。遇小孩奔跑时，要立即减速或停车，等安全之后再前进。

遇到以下几类行人，避让时一定要有耐心。

❶ 老年人反应迟钝，行动缓慢。

❷ 儿童、中小学生对汽车的性能和交通法规知之甚少，走路和玩耍时可能会不顾周围的一切。

❸ 低头沉思、情绪异常的人也会忘记周围的一切。

❹ 残障人士行动不便。在残障人士中，听力有障碍的人外表不易与常人区分，需要注意判断，如果按喇叭没有反应或是对周围的声音没有反应，这些人可能是听力有障碍的人。

❺ 正常行人可能由于某种原因突然跑上公路或突然转向、逆行。

（3）礼让非机动车

❶ 与自行车或行人保持1米以上的安全间距。要防止刮、擦自行车所带物品。如图5-158所示。

图 5-158   文明礼让通行方法和注意事项（四）

❷ 要警惕骑车或拉车的人突然从车头横越。如图 5-159 所示。

图 5-159   文明礼让通行方法和注意事项（五）

❸ 不抢行，适当降低车速，随时做好停车准备。

❹ 如发现骑车人摇晃，应进一步减速或停车，以防碰撞。

❺ 要防止乘自行车的人突然跳车造成骑车人摔倒而导致碾压事故发生。

❻ 超越自行车时，用喇叭示意后，如无其他情况，则保持一定间距，缓慢超越。切忌冒险穿挤和鸣号催促让道。

❼ 在狭窄道路上超越或与自行车并行时，要小心自行车突然摔倒，或被机动车凸起部分刮倒、挤倒，酿成严重车祸。

❽ 遇畜力车、畜群时要提前做好准备，适当鸣喇叭，以防牲畜受惊而发生意外，要边仔细观察边慢慢超越。

（4）经过停站的公交车

文明礼让方法和注意事项如图5-160所示。

图5-160　文明礼让通行方法和注意事项（六）

看动画视频

看动画视频

1. 认识摩托车操纵机件

摩托车操纵机件及其作用如图6-1 ~ 图6-4所示。

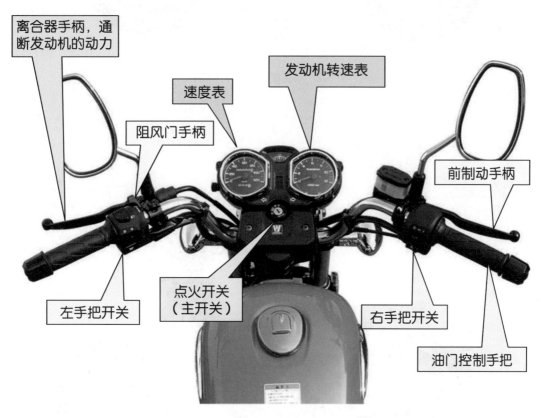

图 6-1 摩托车操纵机件（一）

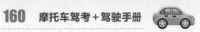

图 6-2　摩托车操纵机件（二）

图 6-3　摩托车操纵机件（三）

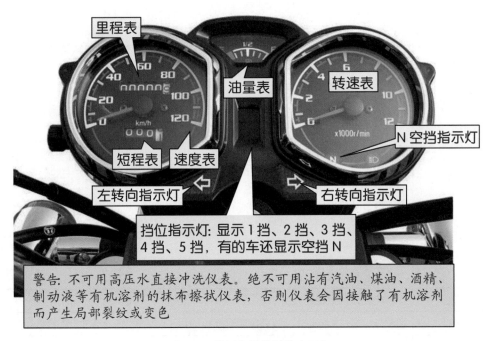

里程表

油量表

转速表

N 空挡指示灯

短程表　速度表

左转向指示灯

右转向指示灯

挡位指示灯：显示1挡、2挡、3挡、4挡、5挡，有的车还显示空挡N

警告：不可用高压水直接冲洗仪表。绝不可用沾有汽油、煤油、酒精、制动液等有机溶剂的抹布擦拭仪表，否则仪表会因接触了有机溶剂而产生局部裂纹或变色

图6-4　摩托车操纵机件（四）

2. 新车的磨合

摩托车行驶最初的500千米，对摩托车的使用寿命至关重要。在这500千米行驶期间，若能严格按照说明书的要求磨合，既能充分发挥新车的性能，又可保证最长的使用寿命。

低挡时发动机长时间高速运转对摩托车损害非常大，必须避免。

正确的新车磨合方法：不要超过3/4油门开度，且不可急加速行驶。

（1）发动机挡位和转速

发动机的挡位和转速要时常变化，不要在某一挡位和转速持续运转。在磨合期间，可适当加大油门，使其完全磨合。只要不超过3/4油门开度，可在各种转速下行驶。但起初的500千米期间内，不可超过3/4油门开度。

（2）避免在固定低速下运转

发动机在固定低速（轻负荷）下运转时，将使零件加剧磨损而配合不良。无论在热机状态或冷机状态，起步以前，都应让发动机有充分的怠速运转时间。以使机油流到所有润滑部位。初始1000千米时的检修是最重要的工作。在此期间，所有发动机零部件都已磨合。因此这次检修，应把各零部件重新调整，拧紧所有紧固件，更换被部件磨屑污染的机油。认真进行首次1000千米检修，有利于摩托车发挥更好性能并延长其使用寿命。使用优质油也能延长发动机寿命。

驾驶前务必细心检查表6-1所示的各项，必要时维修。

表 6-1 摩托车驾驶前须检查的内容及重点

检查内容	检查重点
方向把	（1）平稳 （2）转动灵活 （3）没有轴向窜动与松动
制动器	（1）制动液面位于制动液缸的"LOWER"（低位）线以上 （2）没有漏制动液现象 （3）制动盘/片/蹄磨损不可超出限定范围 （4）制动器的自由行程正确 （5）没有制动不灵的"海绵"感 （6）没有拖曳（拖刹）现象
轮胎	（1）气压正确 （2）适当的胎纹深度 （3）没有裂痕或伤口
燃油量	足够行驶计划路程的油量
灯光	前照灯、尾灯/制动灯、仪表照明灯、转向灯、前位置灯、牌照灯可正常点亮
指示灯	远光指示灯、空挡指示灯、转向指示灯、挡位指示灯可正常点亮
喇叭	功能正常
制动开关	功能正常
发动机机油	油位正确
油门	（1）油门拉索间隙适当 （2）加油顺利，回油迅速
离合器	（1）拉索间隙适当 （2）操作平顺
传动链条	（1）松紧适合 （2）定期清洁、适当润滑

3.安全驾驶须知

（1）穿戴

❶ 一定要戴安全头盔，最好戴防护眼镜。必须选择符合安全质量标准的头盔，车祸中头部受伤可能会致命（图6-5）。

❷ 尽量选择优质紧身的骑行服。穿过于宽松、奇异的服装，行车时既不舒服又不安全。

（2）驾驶前的准备工作

❶ 关于车速。任何时候都不要让车速过快，也不要让发动机转速过高，否则容易发生意外。

警告：绝对不可锁着头盔驾驶，否则头盔会卷入后轮，后果不堪设想

将钥匙插入锁孔内，逆时针方向转到底，头盔锁钩打开，将头盔上的扣环挂入头盔锁钩内，顺时针旋转，即锁住。将钥匙插入锁孔内顺时针方向转动，坐垫弹开，就可以将坐垫取下。装坐垫时，将坐垫前部插好后，按下坐垫尾部，听见有"咔哒"声，坐垫锁住

图6-5 安全驾驶须知

❷ 行车前的安全准备工作。

a.行车前必须将侧停车架收起，以免挤压脚部、转向时翻倒，造成骑乘人员伤亡。

b.行车前必须检查前后制动系统是否正常，如有问题必须检修。

c.行车时不可将头盔锁在头盔锁中，以免卷入车轮导致翻车，造成人员伤亡。

4.驾驶的要领

初次驾驶某种车型，一定找空旷的地方去练习，直到熟练掌握车的控制方法和操纵方法为止。

❶ 必须双手牢牢握把，双脚放在脚搭上行驶，任何时候都不得双手离把。

❷ 在要转弯之前把速度减低到安全车速。

❸ 路面潮湿光滑，轮胎摩擦力小，制动能力和转弯能力下降，因此必须提前减速。

❹ 横风通常最容易发生在隧道出口、山谷或是大型车辆周围，在这种条件下超车时必须小心镇定，减速行驶。

❺ 任何时候都要在自己熟练的驾驶技能范围内驾驶，超过技能限度就容易发生意外。

❻ 阴雨天制动距离是晴天时的两倍，必须慢行。行车时要避开路面标记、井盖、油污等地方，以免打滑。

❼ 途经铁路道口和桥梁时要特别小心，在不能确认路面安全的情况下，应减速行车。

5.发动机的启动

检查燃油开关是否在开启位置上,把钥匙插入点火开关钥匙孔内,顺时针方向转到启动位置。确认摩托车处于空挡位置,此时仪表上的空挡指示灯就会点亮,但是空挡指示灯点亮,不能完全保证处于空挡位置。如图6-6所示。

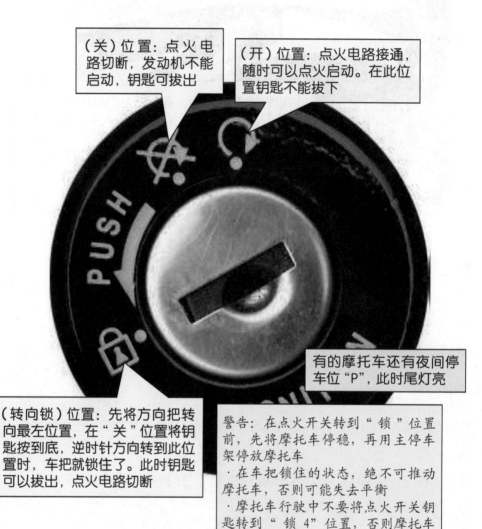

（关）位置：点火电路切断,发动机不能启动,钥匙可拔出

（开）位置：点火电路接通,随时可以点火启动。在此位置钥匙不能拔下

有的摩托车还有夜间停车位"P",此时尾灯亮

（转向锁）位置：先将方向把转向最左位置,在"关"位置将钥匙按到底,逆时针方向转到此位置时,车把就锁住了。此时钥匙可以拔出,点火电路切断

警告：在点火开关转到"锁"位置前,先将摩托车停稳,再用主停车架停放摩托车
·在车把锁住的状态,绝不可推动摩托车,否则可能失去平衡
·摩托车行驶中不要将点火开关钥匙转到"锁4"位置,否则摩托车将会失去控制

图6-6　发动机点火开关位置

要养成习惯,在启动时把挡位挂在空挡上,油门回到底,握紧离合器手柄后再启动。避免万一出错,启动时车辆向前冲出。

电喷发动机没有阻风门,只要握住离合器即可,不要加油门,必要时加一点点,否则无法启动。

化油器发动机的冷启动：当发动机在冷机状态时要使用阻风门启动。

注意

冷机启动后如果不充分热机，反复几千米的短距离行驶，会影响发动机性能的正常发挥，并会缩短机油寿命。环境温度低时，充分预热更为重要。天气越冷，发动机需要预热的时间越长。发动机充分预热后行驶，可减少发动机的磨损。

发动机热机状态的启动：转开油门（1/8）～（1/4）开度，握紧离合器手柄，按电启动按钮或踩脚启动杆启动，启动时不必使用阻风门手柄（图6-7）。

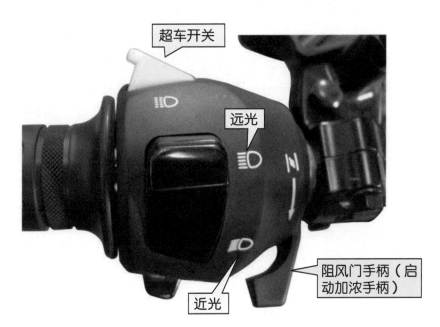

图 6-7　阻风门手柄

在发动机冷机状态时，把阻风门手柄（启动加浓手柄）拨到最下面位置，略加油门，启动发动机。启动后将手柄往回拨一半，略加油门，让发动机继续预热到足够温度，然后把手柄拨回原位即最上面的位置。在发动机热机状态时，将手柄放在最上面位置即可。

注意

电喷摩托车没有阻风门手柄，启动时不能加油，否则无法启动，只要握下离合器即可。

使用电启动，每次启动时间不可超过5秒。每两次启动间隔时间10秒左右。因否则会使启动电路和启动电机异常发热。试着启动几次，仍然不能启动发动机时，应到经销维修单位进行检修。洗车时，不要直接冲洗电器元件，特别是手把开关。缺少燃油、机油时，不要启动摩托车。

不可在通风不好的地方或没有通风设备的室内起动发动机。因为发动机排出的废气有毒。无人时，不可使发动机处于运转状态。缺少燃油、机油时，不要起动摩托车。

临时停车时，发动机转速不可太高、空转时间不可太久，空转太久易使发动机过热而损坏内部机件，并会导致排气管及消声器变色。

6. 安全行车

握紧离合器手柄，踩下变挡杆挂上一挡。向身体方向慢慢转动油门控制手把，自由行程时稍快开始结合时稍慢地轻轻放开离合器手柄，即可平稳起步。猛放离合器会导致车辆窜出，十分危险。

❶ 在车辆起步之前，要确保侧停车架处于最上端，绝不可停在其他位置。

❷ 行驶前必须戴头盔、防护眼镜，必须穿醒目的服装。

❸ 不要在喝酒或吃药以后驾驶摩托车。

❹ 在路面很滑或者视野不良时，必须减速行驶。

7. 正确换挡

驾驶人应当根据行驶条件选择最合适的挡位，千万不可使用低挡高速行驶或者高挡低速行驶。任何时候都不要用半离合的方法来控制车速。在换低挡位以前，降低车速或提高发动机的转速；在挂入高挡位之前，提高车速或降低发动机的转速。摩托车的挡位使用方法及注意事项如图6-8所示。

任何挡位都不可使发动机转速过快，任何挡位都禁止半离合使用，任何挡位都禁止滑行。否则，易损坏发动机内部机件。

爬陡坡时，应提前换入低挡，以免动力不足或者是憋熄火。换挡要迅速，以免摩托车减速过大。

往复挡：脚尖向下踩是一挡，脚后跟向下踩是二挡，脚后跟再依次往下踩是三挡、四挡、五挡，接着脚尖再依次向下踩减为四挡、三挡、二挡、空挡。在二挡和五挡之间，脚后跟往下踩是加挡，脚尖跟往下踩是减挡

摩托车的挡位有两种

循环挡：向下踩一下是一挡，再踩一下是二挡，再踩一下是三挡，再踩一下是四挡，再踩一下是空挡，再踩又是一挡

前踩　后踩

　　在换低挡位以前要降低车速或提高发动机的转速。在换入高挡位之前，要提高车速或降低发动机的转速，这样可以防止传动机构和后轮胎不必要的磨损。
　　注意：当挡位在空挡，空挡指示灯也点亮时，还是要慢慢松开离合器手柄，以确认是否真正进入空挡位置，否则摩托车有可能窜出，如果前方有人或坑或其他障碍物将是十分危险的

图6-8　正确换挡

　　下坡时可利用发动机辅助制动，只要挂低挡即可。如果连续使用制动器制动，制动器会因过热而降低制动能力。

　　切记：发动机转速过快易损坏发动机内部机件。

　　下坡时不可关闭点火开关滑行，以免降低消声器内催化剂的寿命。

8. 制动和停车

❶ 把油门控制手把向前转动，使油门完全回位。

❷ 同时使用前后制动器制动。

❸ 待车速足够低后，换入低挡位，降低车速。

❹ 握紧离合器手柄（使离合器断开），把挡位变成空挡再完全停稳。挂入空挡后仪表上空挡指示灯点亮。

❺ 如果要用侧停车架将摩托车停车在缓坡路面上，应把挡位挂入低挡，尽量使车头朝向上坡的一面，以免因侧停车转动而翻车。但再启动时一定要把挡挂回空挡位置。如图6-9所示。

⑥ 点火开关转到关闭的位置使发动机停止。

⑦ 锁住转向锁以确保安全。

⑧ 拔下钥匙。

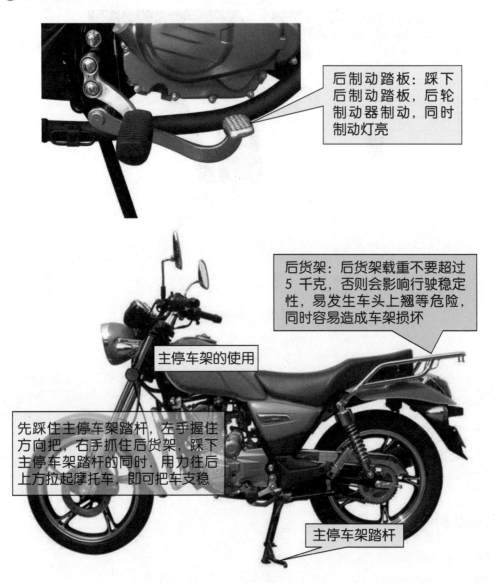

后制动踏板：踩下后制动踏板，后轮制动器制动，同时制动灯亮

后货架：后货架载重不要超过 5 千克，否则会影响行驶稳定性，易发生车头上翘等危险，同时容易造成车架损坏

主停车架的使用

先踩住主停车架踏杆，左手握住方向把，右手抓住后货架，踩下主停车架踏杆的同时，用力往后上方拉起摩托车，即可把车支稳

主停车架踏杆

图 6-9　制动和停车

特别提示

① 经验不足的驾驶人往往使用前制动不够充分，这会导致制动距离延长，造成追尾。只使用前制动或后制动会导致打滑和失控。必须同时均衡地制动。

❷ 转弯时紧急制动，会使车辆失去控制，甚至冲出路面。应在转弯前制动，降低车速。

❸ 在湿滑路面以及转弯的地方，都要小心、轻轻地使用制动系统。在不平的路面或光滑路面上紧急制动，会使摩托车失去控制。

❹ 跟随车辆太近会导致追尾。当车速升高时，停车距离应相应增加。确保与前面的车辆保持安全的停车距离。

❺ 发动机工作和刚停转不久时，消声器的温度很高，请勿触碰以防烫伤。

❻ 如果使用了其他的防盗锁，像U形锁、制动盘锁、链条锁来防盗，在驾驶前要取下防盗锁。

❼ 摩托车不得在有火灾隐患的地方使用、存放。

❽ 非专业人员不得拔掉燃油管排燃油，以免遇到明火烧毁车辆；不要让摩托车消声器接近其他物体，尤其是易燃物，以免引起火灾或者烫伤他人。

9.附件的购买和安装

审车的时候需要车辆识别代号和发动机号。

车辆识别代号（VIN）、发动机型号和发动机出厂编号是为登记摩托车时使用的。车辆识别代号（VIN）打刻在转向立管上。产品标牌固定在转向立管上。发动机型号和发动机出厂编号打刻在曲轴箱的左侧，不同厂家位置略有差别。

车辆维修需要更换零件时，一定要用原厂或合格的替代品，使用非纯正部品，特别是电器零部件，可能会损坏摩托车，甚至烧毁车辆。

随意改装或拆除原车装置不能保证摩托车的行驶安全，也是违法的，而且改装会丧失质保权利。

可以让经销维修单位能帮助您选择市场上出售的优质附件，并能正确地安装好。

如果对机械比较熟悉，也可以自己安装。购买、安装附件要注意以下问题。

❶ 必须购买合格的产品。

❷ 阻风的附件，安装位置应尽量低，紧贴车身，靠近重心。货架和附带零件等安装不牢会使重心偏移，带来危险。安装附件的宗旨是：注意左右平衡和牢固稳定。

❸ 检查安装附件的离地高度和侧倾角是否适当，安装不妥将降低这两个安全因素。附件安装不良会造成操纵困难，甚至行车危险。会影响空气阻力和操纵稳定性，安装附件不可妨碍减振、转向和控制等功能的正常工作。

④ 方向把和前叉总成上要安装的附件，应尽量减轻重量，否则会造成不平衡。

⑤ 挡风板、靠背、鞍座袋、旅行箱等，都是阻风的附件，容易引起行车不稳。尤其在受到侧风或与大型车辆交会时特别明显。如果安装不妥或装上劣质附件，会危及行车安全。

⑥ 不得安装使驾驶人的乘坐位置偏离正常位置的附件，否则十分危险。

⑦ 过多的电器附件可能损坏配线，在驾驶时使发动机停转，甚至烧毁车辆。

⑧ 禁止两轮摩托车牵引拖斗或加边斗。

特别提示

　　随意增加附件，特别是电器零部件，若接线不当或电器负载过大，可能会引起火灾。

10.消声器的维护保养

消声器里面装有催化剂，目的是减少排放废气污染物。为使消声器保持正常功能，保证消声器的使用寿命，避免因不正常的使用和维护而导致的消声器废气转化效率降低、锈蚀、变色等故障，请注意以下事项。

❶ 发动机工作和刚停转不久时，消声器的温度很高，请勿触碰以防烫伤。

❷ 不得长时间原地高转速轰油门。

❸ 不得长时间大负荷低挡位行驶。

❹ 不得在发动机和消声器前方加装挡风板或其他装饰物品。

❺ 不得向消声器内加防锈油或机油。

❻ 不得在热车状态下用冷水直接冲洗消声器。

❼ 不得熄火滑行。

❽ 不得使用劣质机油。

❾ 不得使用含铅汽油。

❿ 要及时清除消声器表面和尾部的污物。

⓫ 启动并完全预热后，将启动加浓手柄或阻风门手柄扳回原位。

⓬ 要定期保养和检查发动机，避免因发动机内混合气燃烧不良导致的排气温度过高而烧损催化剂。

⓭ 安装消声器时，要正确安装消声器密封垫。

11.油门控制手把的使用维护

油门控制手把用于控制发动机的转速。转向自己方向是加速，反之，转离自己方向是减速。前制动手柄：握紧此制动手柄时前轮制动，同时制动灯亮。如果前制动器采用盘式液压制动器，制动时握力不必过大。如图6-10所示。

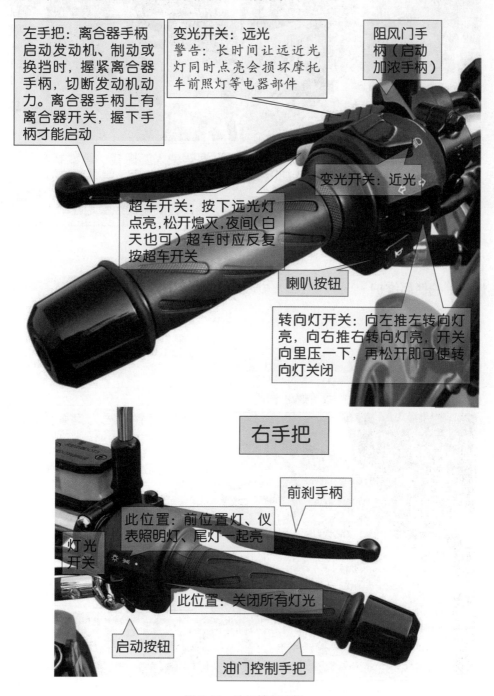

左手把：离合器手柄
启动发动机、制动或换挡时，握紧离合器手柄，切断发动机动力。离合器手柄上有离合器开关，握下手柄才能启动

变光开关：远光
警告：长时间让远近光灯同时点亮会损坏摩托车前照灯等电器部件

阻风门手柄（启动加浓手柄）

变光开关：近光

超车开关：按下远光灯点亮，松开熄灭，夜间（白天也可）超车时应反复按超车开关

喇叭按钮

转向灯开关：向左推左转向灯亮，向右推右转向灯亮，开关向里压一下，再松开即可使转向灯关闭

右手把

前刹手柄

此位置：前位置灯、仪表照明灯、尾灯一起亮

灯光开关

此位置：关闭所有灯光

启动按钮

油门控制手把

图 6-10 油门控制手把

12.缓冲弹簧的使用维护

缓冲弹簧的使用维护方法如图6-11所示。

后减振器的缓冲弹簧有多个位置,可根据驾驶人的愿望、承载状况、驾驶方式和道路条件等因素加以调整。这里有五个位置。第1位置最软,第5位置最硬
左右两侧的缓冲弹簧必须调在同一位置,否则会影响操纵稳定性

图 6-11　缓冲弹簧

13.燃油箱的使用维护

燃油箱的使用维护方法如图6-12 ~图6-15所示。

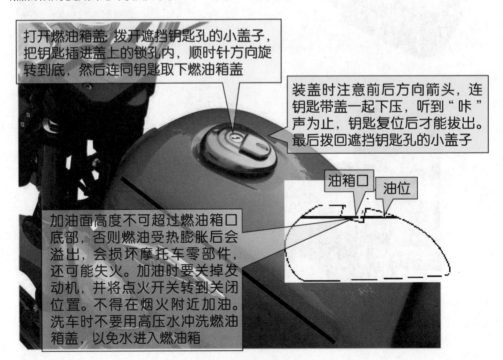

打开燃油箱盖: 拨开遮挡钥匙孔的小盖子,把钥匙插进盖上的锁孔内,顺时针方向旋转到底,然后连同钥匙取下燃油箱盖

装盖时注意前后方向箭头,连钥匙带盖一起下压,听到"咔"声为止,钥匙复位后才能拔出。最后拨回遮挡钥匙孔的小盖子

油箱口　油位

加油面高度不可超过燃油箱口底部,否则燃油受热膨胀后会溢出,会损坏摩托车零部件,还可能失火。加油时要关掉发动机,并将点火开关转到关闭位置。不得在烟火附近加油。洗车时不要用高压水冲洗燃油箱盖,以免水进入燃油箱

图 6-12　燃油箱（一）

主油箱开启位置，正常情况下使用

图6-13 燃油箱（二）

备用位置：若燃油箱里的油位过低，把手柄转到这个位置，可以继续使用约一两升的备用油。此时应尽快就近加油，加完油后再把手柄转回开启位置

图6-14 燃油箱（三）

关闭位置：如果停车熄火时间较长，应把手柄转到这个位置

图 6-15　燃油箱（四）

14.侧停车架的使用维护

侧停车架用于短时间临时停车，先将发动机熄火，用脚将侧停车架转动到下极限位置，然后向身体方向倾斜，确认接触地面稳定后，方可离开车辆。

开车前一定要把侧停车架转动到上极限位置，确认无松动、摇晃现象，停在其他位置则十分危险。不收起侧停车架转弯容易翻车，还容易把脚弄伤。

15.空气滤清器的使用维护

空气滤清器的滤芯是用特制海绵等做成的。如果空气滤清器被尘土堵塞，则进气阻力增大而输出功率降低，同时耗油量也会增加，必要时可以按照说明书上的方法拆下来清洗。

16.火花塞的使用维护

可以用硬铁丝或钢针把火花塞上附着的积炭清除，再用塞尺检查火花塞电极的间隙，将电极的间隙调整到0.8 ～ 0.9毫米。

正常的火花塞是淡棕色。如果火花塞是湿的且为黑色，改用热型火花塞可能比较合适。若呈现白色而发光，说明在过热的条件下工作，这时应更换为冷型火花塞。

火花塞更换指南：更换不同热值的火花塞之前，先向经销维修单位咨询，因为选择不恰当的火花塞，将导致发动机的严重损坏。选择其他牌号的火花塞，可能产生严重的后果，因此应先向经销维修单位咨询，再选用其他牌号的火花塞。

17. 制动系统的使用维护

制动器是保证安全的顶级重要部件，应该经常检查、调整制动器。

如果制动系统需要维修，自己对机械也不精通，那就毫不犹豫地交给经销维修单位去做，他们有齐全的工具、熟练的技术和丰富的经验。

制动器有盘式制动系统和鼓制动系统，盘式制动系统采用液压制动。液压制动系统的制动液软管和制动液的更换，必须严格按照厂家的要求进行。如图6-16 ～图6-20所示。

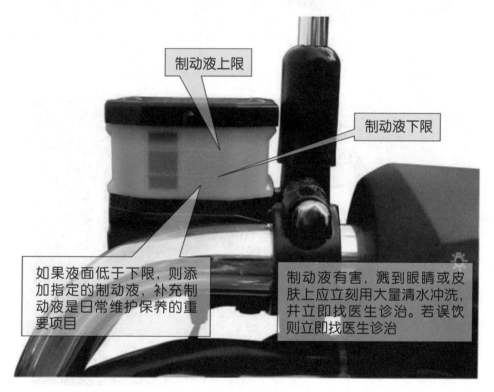

制动液上限

制动液下限

如果液面低于下限，则添加指定的制动液，补充制动液是日常维护保养的重要项目

制动液有害，溅到眼睛或皮肤上应立刻用大量清水冲洗，并立即找医生诊治。若误饮则立即找医生诊治

图 6-16　制动系统（一）

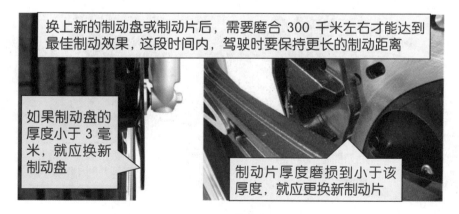

换上新的制动盘或制动片后，需要磨合 300 千米左右才能达到最佳制动效果，这段时间内，驾驶时要保持更长的制动距离

如果制动盘的厚度小于 3 毫米，就应换新制动盘

制动片厚度磨损到小于该厚度，就应更换新制动片

图 6-17　制动系统（二）

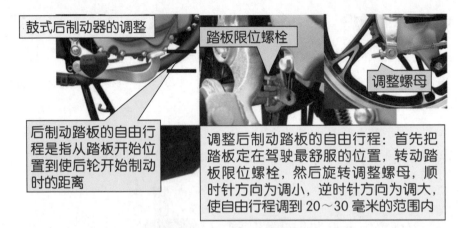

鼓式后制动器的调整

踏板限位螺栓

调整螺母

后制动踏板的自由行程是指从踏板开始位置到使后轮开始制动时的距离

调整后制动踏板的自由行程：首先把踏板定在驾驶最舒服的位置，转动踏板限位螺栓，然后旋转调整螺母，顺时针方向为调小，逆时针方向为调大，使自由行程调到 20～30 毫米的范围内

图 6-18　制动系统（三）

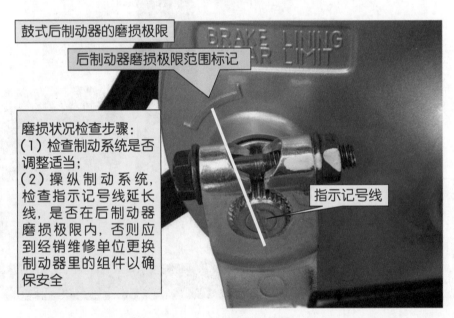

鼓式后制动器的磨损极限

后制动器磨损极限范围标记

磨损状况检查步骤：
（1）检查制动系统是否调整适当；
（2）操纵制动系统，检查指示记号线延长线，是否在后制动器磨损极限内，否则应到经销维修单位更换制动器里的组件以确保安全

指示记号线

图 6-19　制动系统（四）

前制动开关：握下前制动手柄，稍有阻力时制动灯亮

前制动开关：踩下后制动踏板，稍有阻力时制动灯亮

图 6-20　制动系统（五）

18.轮胎的维护保养

为了安全和较长的使用寿命，一定要不断检查轮胎的气压（表6-2）、轮胎表面有无裂痕、刺穿、异物等情况。

表 6-2 在常温下轮胎的推荐气压

常温下轮胎的推荐气压	单人骑驶		双人骑驶	
	/kPa	/（kgf/cm²）	/kPa	/（kgf/cm²）
前轮	175	1.75	175	1.75
后轮	200	2.00	225	2.25

轮胎过度磨损或轮胎表面有过多的损坏会影响行驶稳定性，请按说明书中的规格更换轮胎。

轮胎圆周上有多处磨耗标志，超出标志，应更换轮胎。

19.电气系统的维护保养

更换灯泡时要和原来泡的功率一样，若增大功率，可能引起电路系统的故障以及灯泡的过早损坏甚至发生火灾。

保险丝的维护保养如图6-21所示。

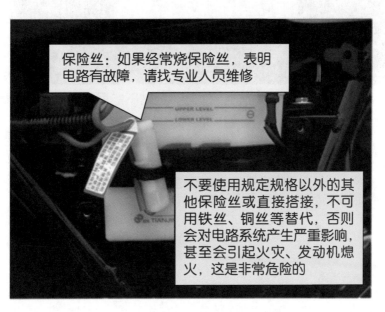

图 6-21 保险丝

20.新蓄电池的使用维护

（1）新蓄电池的启用

检查蓄电池外观，外壳应无伤痕、裂纹，端子应无歪斜、变形，拔下蓄电池排气口密封胶帽，取下液孔塞。取出随蓄电池一起提供的蓄电池专用电解液，剪开电解液瓶口，套上塑料导管，向各注液孔缓缓注入电解液，直至上限，加液后放置20分钟，如液面有下降，则补充至上限。放置30分钟就可装车启动。如果有条件，在使用之前充电3～5小时，启动性能会更好，并能延长蓄电池寿命。冬季低温或蓄电池出厂后长期放置，使用之前应充电3～5小时。加电解液的方法如图6-22所示。

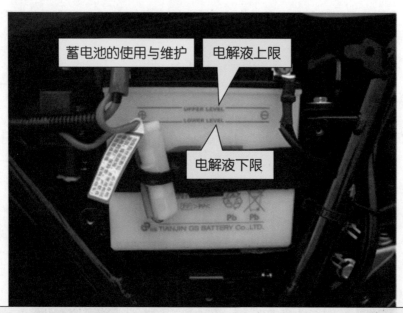

若液面低于下限，应添加蒸馏水到上限，绝对不能添加自来水。不要弄弯、阻塞或改变蓄电池的通气管。
连接蓄电池时，先把红线接正极，然后把黑线接负极，接反会损坏充电系统和蓄电池本身。拆的时候先拆负极，再拆正极。装的时候，如果先接负极再接正极，接正极时，一旦工具搭铁蓄电池就被短路，十分危险。拆的时候如果先拆正极，一旦工具搭铁蓄电池就被短路，十分危险，所以必须先拆负极。
蓄电池要定期检查，如果电压低于12.5伏，建议给蓄电池充电

图 6-22　加电解液

（2）蓄电池的安装

将蓄电池的排气管套在蓄电池的排气口上。注意：排气管勿折弯或压扁，否则行驶中可能引起蓄电池爆裂，电解液溅出，腐蚀衣服和摩托车。

先接正（＋）极线（红色导线），后接负（－）极线，绝对不要接反正、负极，否则会损坏稳压整流器等电器件。拧紧螺栓后，在螺栓、螺母、端子上涂黄油或凡士林，以免生锈造成接触不良。

每次电启动时间不要超过5秒，如果连续几次不能启动，应检查供油系统、启动系统和点火系统。

以下情况会造成蓄电池过放电或充电不足，缩短使用寿命：

❶ 频繁电启动，行驶距离短；

❷ 长时间低速行驶；

❸ 行驶中握紧制动手柄，使制动灯常亮；

❹ 安装额外的电器附件或换用大功率灯泡。

启动电机转动无力、灯光暗淡、喇叭声不响亮时，应立即充电。

每隔1～3个月检查一次电解液的液面位置，如液面低于最低液面线下限，用蒸馏水或纯净水补充至上限。不得加电解液。补水后，最好进行补充电。

摩托车长期不使用时，应在摩托车停止使用前对蓄电池进行补充电，以后每三个月补充电一次。

（3）充电

要使用给摩托车蓄电池充电的合格的充电器。充电前请取下液孔塞，充电时要保持室内通风，严禁明火。

除紧急情况外，尽量使用标准充电方法，以延长蓄电池寿命。

充电时如电解液温度超过45℃，应停止充电，待冷却后再继续充电。当蓄电池中产生大量气泡时，应停止充电，压（拧）紧液孔塞，擦干蓄电池。

（4）注意事项

❶ 蓄电池使用和充电时会产生氢气，严禁靠近明火，并应避免正、负极短路及正、负极端子松动，以防蓄电池爆炸。

❷ 电解液中含有强酸，应避免溅到皮肤、眼睛和衣服上。一旦接触，请立即用大量清水清洗，并去医院治疗。若误服，应立即大量喝水或牛奶，并去医院治疗。

❸ 电解液必须放置于儿童接触不到之处。

21. 燃油和机油的使用维护

燃油：必须使用清洁的90～97号无铅汽油。

机油：使用维护方法如图6-23～图6-25所示。

机油标尺

检查发动机机油油位的步骤：
（1）发动机熄火，在平坦的地面上用主停车架支起摩托车；
（2）启动发动机并让其运转几分钟;
（3）关闭发动机，停几分钟后，拧下机油标尺，擦干净，然后插入，不必旋转，再取出机油标尺检查油位，油位应处于机油标尺的上限和下限之间

注意：如果显示机油已低于机油标尺的下限时，不可启动发动机。添油不可超出机油标尺的上限

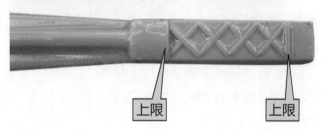

上限　　　　　　上限

图 6-23　机油（一）

更换新的发动机机油应在发动机热机后进行，这样才容易把旧油全部放出
步骤如下：
（1）发动机熄火，在平坦的地面上用主停车架支起摩托车；
（2）拧下机油标尺；
（3）在发动机下面放置泄油盘。拆下放油螺栓及其垫圈，排净机油；
（4）排净机油后，安装好放油螺栓及其垫圈；
（5）通过安装机油标尺的加油孔向发动机内注入规定毫升的新机油；
（6）重新安装好机油标尺；
（7）启动发动机并让其运转几分钟；
（8）关掉发动机，等几分钟再用机油标尺检查油位。油位应处于机油标尺的
上限和下限之间
注意：仔细检查发动机拆装过的零部件处是否漏油，一定要使用说明书中规
定的机油

图 6-24 机油（二）

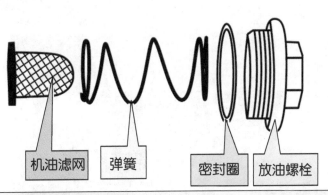

检查清理机油滤网的步骤如下：
（1）参考"发动机机油的更换"的内容，先排净发动机内的机油；
（2）放油螺栓，取出弹簧和机油滤网；
（3）不要丢失机油滤网盖上的密封圈；
（4）清理机油滤网时应做检查，如果机油滤网损坏，必须更换；
（5）清理完毕，装好弹簧、机油滤网和机油滤网盖
注意：清理时不要丢失机油滤网盖上的密封圈，不要向发动机内加入机油；
仔细检查发动机拆装过的零部件处是否漏油，每次拆装机油滤网盖时，建议
更换密封圈

图 6-25 机油（三）

22.离合器钢丝间隙的调整

离合器钢丝调整如图6-26、图6-27所示。

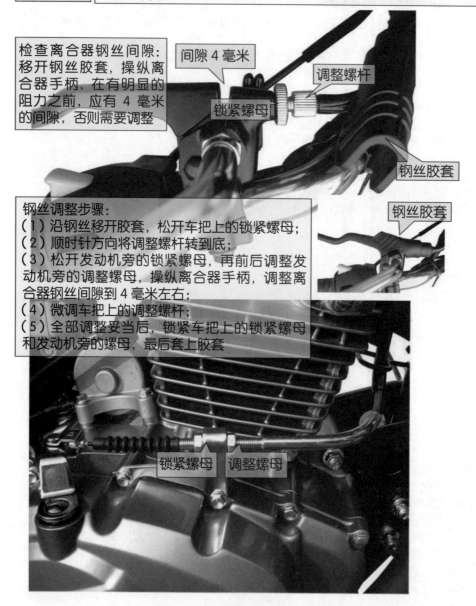

离合器钢丝间隙的调整	离合器钢丝间隙过大或过小，易造成离合器和变挡机构磨损及故障。发现离合器钢丝间隙异常，或出现离合器打滑、加速无力时，要及时调整

检查离合器钢丝间隙：移开钢丝胶套，操纵离合器手柄，在有明显的阻力之前，应有 4 毫米的间隙，否则需要调整

间隙 4 毫米

调整螺杆

锁紧螺母

钢丝胶套

钢丝胶套

钢丝调整步骤：
（1）沿钢丝移开胶套，松开车把上的锁紧螺母；
（2）顺时针方向将调整螺杆转到底；
（3）松开发动机旁的锁紧螺母，再前后调整发动机旁的调整螺母，操纵离合器手柄，调整离合器钢丝间隙到 4 毫米左右；
（4）微调车把上的调整螺杆；
（5）全部调整妥当后，锁紧车把上的锁紧螺母和发动机旁的螺母，最后套上胶套

锁紧螺母　　调整螺母

图 6-26　离合器钢丝调整（一）

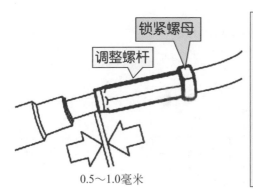

如有必要，请按如下步骤调整油门钢丝间隙：
（1）松开锁紧螺母；
（2）转动调整螺杆，调整拉索间隙在 0.5～1.0 毫米范围；
（3）调整完成后，拧紧锁紧螺母

注意：油门钢丝间隙调整完成后，应确保油门手把能自动回位，怠速不升高。同时，调整后不能出现转动车头时发动机怠速升高的情况

图 6-27 离合器钢丝调整（二）

23.化油器的使用维护

稳定的气化性能是发动机对化油器最基本的要求。化油器的气化性能，已经在工厂里精确设定，请勿改变它的设定状况，只要注意两点，即怠速和油门拉索间隙。

怠速：

❶ 启动发动机，保持低转速，让它空转直到充分预热。

❷ 发动机预热后，关闭油门，旋转调整螺钉（见图6-28），使转速保持在1400 ～ 1600 转/分之间。

警告：调整发动机的怠速，应在充分预热的状态下进行。

图 6-28 化油器

24.链条的使用维护

链条的使用维护方法和技巧如图6-29和图6-30所示。

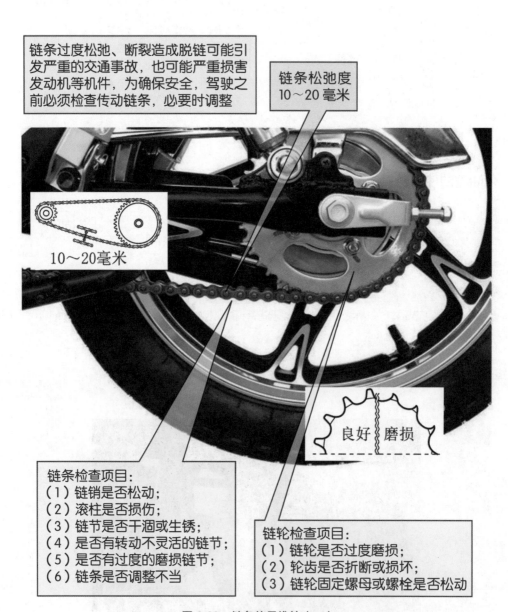

链条过度松弛、断裂造成脱链可能引发严重的交通事故，也可能严重损害发动机等机件，为确保安全，驾驶之前必须检查传动链条，必要时调整

链条松弛度10～20毫米

10～20毫米

良好　磨损

链条检查项目：
（1）链销是否松动；
（2）滚柱是否损伤；
（3）链节是否干涸或生锈；
（4）是否有转动不灵活的链节；
（5）是否有过度的磨损链节；
（6）链条是否调整不当

链轮检查项目：
（1）链轮是否过度磨损；
（2）轮齿是否折断或损坏；
（3）链轮固定螺母或螺栓是否松动

图6-29　链条使用维护（一）

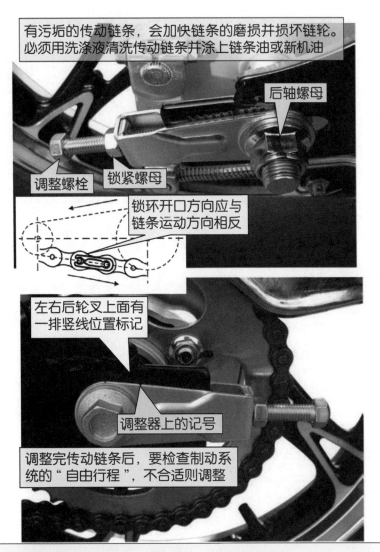

有污垢的传动链条，会加快链条的磨损并损坏链轮。必须用洗涤液清洗传动链条并涂上链条油或新机油

后轴螺母

调整螺栓

锁紧螺母

锁环开口方向应与链条运动方向相反

左右后轮叉上面有一排竖线位置标记

调整器上的记号

调整完传动链条后，要检查制动系统的"自由行程"，不合适则调整

如果链条的自由度不正常，则需调整。调整步骤如下：
（1）用主停车架支好摩托车
（2）松开后轴螺母
（3）锁紧螺母
（4）顺时针或逆时针旋转调整螺栓，使链条松弛度在 10～20 毫米之内。通过保证后轮叉及左右调整器上的记号位置的左右一致来确保前后链轮在同一直线上
（5）调整好重新拧紧后轴螺母，然后拧紧锁紧螺母，再次确认链条松弛度，不合格再调
传动链条必须使用品牌链条，最好是原厂的，毕竟命比钱重要
更换传动链条时，应检查前后两链轮的磨损情况，必要时应同时更换链轮

图 6-30 链条使用维护（二）

本书配套动画演示视频（3D MP4）

动画视频内容		二维码所在页码
1 摩托车桩考要领	1.1 两轮摩托车桩考要领	014
	1.2 三轮摩托车桩考要领	
2 摩托车过单边桥	2.1 两轮摩托车过单边桥	
	2.2 三轮摩托车过单边桥	
3 摩托车过减速带	3.1 两轮摩托车过减速带	054
	3.2 三轮摩托车过减速带	
4 摩托车坡道定点停车和起步		
5 摩托车起伏路驾驶		
6 摩托车过路口的基本操作要领		059
7 交通信号灯发生故障时摩托车怎样通过路口		
8 街道掉头地段的选择	8.1 街道掉头地段的选择 1	
	8.2 街道掉头地段的选择 2	
	8.3 街道掉头地段的选择 3	
	8.4 街道掉头地段的选择 4	
9 单行道的通行		070
10 单向隧道的通行		
11 潮汐车道的行驶		
12 可变导向车道的行驶		
13 预测公交站险情	13.1 预测左侧公交站险情	
	13.2 预测右侧公交站险情	
14 应对不知危险的加塞超车者		088
15 应对错误判断超车时机的车辆		
16 旁边车道车辆突然刹车减速险情预测		092
17 通过狭窄胡同险情预测		117
18 茂密林带道路险情预测		158
19 大车不起步时的险情预测		